세상에서 가장 재미있는
세계사
4

THE CARTOON HISTORY OF THE MODERN WORLD (Part 1)

Copyright ⓒ 2007 by Larry Gonick
Published by arrangement with HarperCollins Publishers
All rights reserved.

Korean translation copyright ⓒ 2007 by Kungree Press
Korean translation rights arranged with HarperCollins Publishers
through EYA (Eric Yang Agency).

이 책의 한국어판 저작권은 EYA를 통하여
HarperCollins Publishers사와 독점 계약한 '궁리출판'이 소유합니다.
저작권법에 의해 한국 내에서 보호를 받는 저작물이므로 무단전재와 복제를 금합니다.

세상에서 가장 재미있는 세계사

래리 고닉 글·그림 | 이희재 옮김

4

콜럼버스에서 미국혁명까지
THE CARTOON HISTORY OF THE MODERN WORLD I

궁리
KungRee

CONTENTS

1. 세계 전쟁, 문명을 파괴하다 8
  어설픈 야심 25 | 몬테수마의 궁전 33

2. 돌고 도는 세상 58
  포토시 72 | 몰랐던 이야기 76
  세계화 88 | 시크와 무굴 91

3. 선행? 108
  마르틴 루터 122 | 농민 반란 128 | 츠빙글리 136
  잉글랜드식 이혼 137 | 다시 빈으로 141
  팔자는 타고나는 것! 144 | 강훈련 150

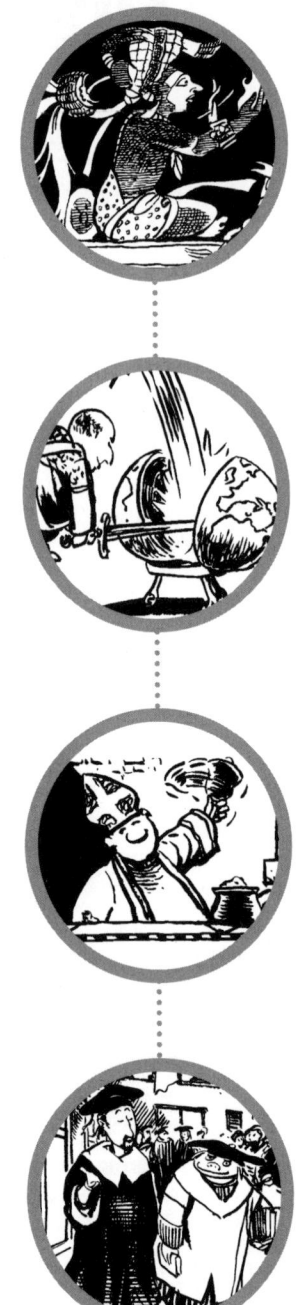

4. 헤쳐모여! 158

프랑스를 뒤흔든 창 162 | 비열한 공격 164 | '레판토' 해전 170
결혼식 타종 173 | 네덜란드의 참변 176 | 태평성대 잉글랜드 180
파리가 뭐길래? 186 | 승자는… 190 | 어디까지나 이론 195 | 30년 전쟁 202

5. "이치가 그렇잖아!" 208

캐나다 210 | 신교도 대 신교도 216 | 인생은 투쟁 222
타산적으로 삽시다! 226 | 로크의 처방 234 | 50년 240
1754년, 오하이오 242 | 오잉! 246

참고문헌   257
옮긴이의 말   262

1권 | 빅뱅에서 알렉산드로스 대왕까지

1. 우주 삼라만상이 열리던 날 | 2. 인간, 막대기와 짱돌을 사용하다 |
3. 깊은 강, 문명을 낳다 | 4. 구약 시대, 서양 정신의 뿌리 |
5. 그리스, 신화와 전설이 들려주는 역사 | 6. 지중해와 오리엔트의 한판 승부 |
7. 아테네 민주주의의 모든 것

2권 | 중국의 여명에서 로마의 황혼까지

1. 인도, 모두 모두 신성하다 | 2. 수신제가치국평천하의 나라 |
3. 동아시아 대륙 막강패자의 탄생 | 4. 영원한 제국 로마 이야기 |
5. 기원전, 그리스도, 기원후 | 6. 동서 대제국들의 균열

3권 | 이슬람에서 르네상스까지

1. 아랍에 내린 신의 계시, 이슬람 | 2. 아프리카, 다양성의 보고 |
3. 대륙을 누비는 사람들 | 4. 천년 왕국 비잔틴 |
5. 십자군의 이름으로! | 6. 암흑 속에 핀 꽃의 도시

5권 | 바스티유에서 바그다드까지

1. 총, 황금, 선의 | 2. 자유무역 | 3. 근대란 무엇인고
4. 밝은 빛 | 5. 계몽의 끝?

INTRODUCTION

1
세계 전쟁, 문명을 파괴하다

아메리카는 지금부터 1만 2000년 전 아니면 1만 5000년 전 아니면 3만 년 전에 시베리아 아니면 다른 곳에서 육지나 바다를 통해서 사람들이 처음 찾아왔다. 그들은 마스토돈, 땅나무늘보, 검치호랑이(칼이빨호랑이) 같은 동물을 모조리 죽였다. 아니면 기후 변화로 덩치 큰 동물이 떼죽음을 당했는지도 모른다.

틀리면 내가 사람이 아니라 용이다!

얼마 안 가서 또는 더 가서 이들의 자손이 남북 아메리카로 퍼지면서 뿌리에서 떨어져나갔다.

- 우리가 여기 온 지 얼마나 됐지?
- 억만 년도 더 됐지 아마. 그냥 통밥으로 말하는 거니까 태클 걸지 마셔!

여기저기서 사람들은 야생 작물을 개량하고 농사짓는 법을 익혔다. 감자, 후추, 호박, 토마토, 옥수수, 초콜릿은 모두 아메리카가 원산지다.

농사를 지으면 남는 곡식이 생긴다. 곧 식량과 재물이 쌓인다.

세상에서 가장 생산성이 높은 작물 옥수수.

"중국인이 멕시코까지 안 갔다고 장담하실 수 있나요?"

"전 장담 같은 거 못하는 놈입니다!"

테오티후아칸은 멕시코와 중앙아메리카에 있던 수많은 도시 중에서 규모가 가장 컸을 뿐이다. 문명이 가장 먼저 생긴 올메이라는 도시는 그보다 1천 년 먼저 생겼다. 중앙아메리카 서남부에는 사포텍족이 살았다. 유카탄 반도와 과테말라 지역에는 마야족이 살았다.

마야족은 가장 수준 높은 예술, 과학, 문자를 가졌다. 마야족의 수리천문학자는 자리수 개념과 0에 해당하는 기호가 있는 수학을 만들어냈다. 달력은 거의 완벽했다. 글자도 매우 발달했다.

그 당시의 아메리카 원주민이 다 그랬듯이 마야족도 쇠는 못 만들었고 가축을 부릴 줄도 몰랐고 바퀴 달린 수레도 없었다(장난감 수레는 있었다고!).

"사람이 너무 완벽해도 못 쓰는 법이지!"

"철학이 담긴 말씀! 맞아, 우린 철학도 강해요!"

아메리카 원주민은 대부분 사람의 피에 집착한다는 공통점이 있었다.

멕시코의 제관은 사람을 제물로 바치면서 아직도 맥박이 뛰고 피가 콸콸 뿜어 나오는 심장을 도려냈다.

특별한 날에는 선인장 가시를 귀나 팔, 혀에 찔러 넣어 일부러 피를 냈다.

산다는 게 너무 허망하네요.

엄마, 도와줘!

기다려봐…

늘 유행을 이끌었던 마야족은 망측하게도 생식기에다 가시를 찔러 피를 뽑아내기도 했다.

지금 제정신이야?

난 무녀요! 감히 어디다 대고 깐죽거려!

유행은 삽시간에 퍼졌다!

아욱! 어흑! 으흑!

봐요, 순돌이네 삼형제도 다 하잖아. 못하면 남들이 흉본다구요.

당시 멕시코 도시에는 어디나 H자 모양의 경기장이 있었고 관람석도 있었다.

손이나 발이 공에 닿으면 반칙이었다. 어떤 도시에서는 선수들이 엉덩이나 넓적다리, 팔을 써서 하늘 높이 매달린 돌고리 안으로 공을 넣어야 했다.

마야족은 공도 훨씬 컸고 허리와 팔뚝에는 두툼한 보호구를 찼다.

시합은 한번 시작하면 언제 끝날지 몰랐다. 지는 팀은 죽을 수도 있었다고 역사가들은 전한다. 이긴 팀이 죽었다고 보는 쪽도 있다. 학자들 사이에서도 이론이 분분하다.

빨리 통일을 시켜줘야 이기든지 지든지 하지!

제물로 바쳐진 사람의 시신은 썰어서 먹었다. 멕시코에서는 단백질 공급원의 하나였다. 그래도 이런 끔찍한 식인 풍습에 반기를 든 마음 여린 사람이 한 명 있었으니, 바로 툴라의 제관 케트살코아틀이었다.

잠깐! 케트살코아틀은 신의 이름이기도 했다. 이 제관 이름도 거기서 따왔다.

케트살코아틀은 톨텍족이었는데 톨텍족은 1100년대와 1200년대에 중부 멕시코를 다스렸다. 피를 좋아하는 신들과 이들을 먹여 살리는 제관은 어김없이 있었다. 케트살코아틀은 여기에 반기를 들고 나비만 제물로 바치는 좀더 영적인 종교를 설파했다.

결국 제관과 정육점 주인이 들고일어나서, 그리고 어쩌면 나비까지 가세해서, 케트살코아틀을 도시에서 몰아냈다. 케트살코아틀은 동쪽으로 가서 다시는 돌아오지 않았다.

잠깐! 나비는 전쟁 포로를 에둘러 부르던 말이기도 하다. 그러니까 케트살코아틀이 정말로 나비를 제물로 바치자고 한 것인지 아니면 전쟁 포로를 제물로 바치자고 한 것인지는 아리송하다.

문명 세계의 법도와 예식을 우습게보며 북쪽에서 쳐들어온 사람들에게 톨텍의 수도가 13세기에 무너졌다.

"쟤네들이 섬기는 신은 너무 떨떨해서 피도 못 마신대!"

"말도 안 돼."

수도 툴라는 약탈당했다. 케트살코아틀파와 반케트살코아틀파의 알력으로 맥없이 주저앉았는지도 모를 일이다. 아무튼 일부 톨텍 귀족은 쿨루아칸이라는 호숫가의 도시로 피신했다.

법질서가 무너지니까 사람들은 안전한 곳을 찾아서 또는 약탈할 곳을 찾아서 또는 겸사겸사해서 세상을 떠돌았다. 아스텍 사람들도 고향 아스틀란을 등졌다. 그들은 이름도 멕시카로 바꾸었다. 이 말이 무슨 뜻인지는 당시나 지금이나 아무도 모른다.

"신비로운 분위기를 풍기면서 이미지 관리하는 거죠, 허허"

"저 메스꺼운 인간…"

멕시카족은 쿨루아칸까지 흘러가서, 먼저 정착했던 톨텍 유민과 합류했다.
"우리가 모시는 신들께서 여러분의 문명을 지키고 야만인을 먹는 데 도움을 주시겠답니다!"
"어서 옵쇼!"

톨텍 사람은 뼈대 있는 귀족이었기 때문에 멕시카 사람은 톨텍 집안과 결혼을 하면 자랑스러워했다. 하지만 톨텍 쪽에서는 이것을 못마땅하게 여겼다.

멕시카 쪽도 은근히 기분이 나빠졌다. 그래서 무언가를 요구하기로 했다. 그들은 멕시카를 무시하는 한 톨텍 사람에게 딸을 달라고 했다.
"우리한테 나쁜 감정 품은 거 없죠? 그러니까 아저씨의 피붙이, 살붙이를 저희한테 기꺼이 주실 수 있는 거죠, 그죠?"
"그죠?" "그죠?"

말하자면 충성도를 알아보겠다는 것이었다. 톨텍 사람은 군소리 없이 딸을 내주었다.
"'피'라는 단어를 왜 유난히 강조했을꼬?"

처녀가 도착하자 멕시카의 제관은 바로 목을 졸라 죽이고 가죽을 벗겼다. 그리고 자기 가죽을 벗겨서 사람들한테 식량으로 주고 멕시카족이 떠받들던 시폐 토텍 신 제전에서, 그 처녀의 가죽을 옷으로 입었다.

아버지는 딸을 알아보았다. 톨텍족은 모두 무기를 들고 일어나서 멕시카족을 쿨루아칸에서 몰아냈다.
"다른 데 가서 인류가 뭔지를 좀 배워라!"

멕시카족은 다시 떠돌이 신세가 되었다. 어디서나 퇴짜를 맞았다. 결국 중부 멕시코의 커다란 호수 안에 있던 섬까지 밀려갔다. 온통 뻘에다 갈대만 무성한 것이 땅은 질고 모기떼만 득시글거리던 고향 아스틀란과 비슷했다. 추장 테노치(선인장)는 여기가 뿌리내릴 터전이라는 뜻의 춤을 추었다.

"부리에 뱀을 물고 선인장 위에 앉은 독수리라!"

"암호 같은데!"

"이 진창이 우리 집이란 뜻?"

"내가 미쳐…"

결국 그들은 1328년경 테노치티틀란이라는 도시를 세웠다. 선인장 열매가 있는 땅이란 뜻이었다. ♪

아스텍 달력은 세월의 한 바퀴를 52년으로 보았다. 이것은 다시 네 개의 '집'으로 나뉘는데 집 하나가 13년씩 차지한다. 트럼프가 무늬별로 13장씩 4조 있는 것과 같다.

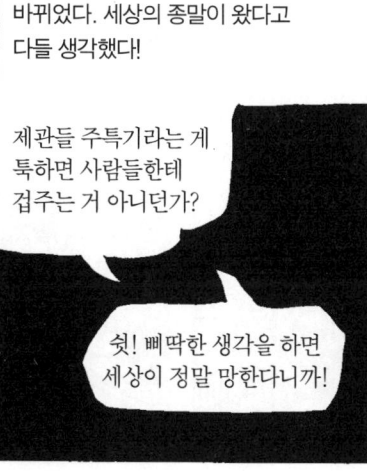

한 번의 주기가 끝나면 불이란 불은 다 껐다. 아스텍 세계는 암흑천지로 바뀌었다. 세상의 종말이 왔다고 다들 생각했다!

"제관들 주특기라는 게 툭하면 사람들한테 겁주는 거 아니던가?"

"쉿! 삐딱한 생각을 하면 세상이 정말 망한다니까!"

얼마 뒤 제관들은 신전에서 화톳불을 피웠다. 아무튼 세상은 52년 더 굴러간다는 뜻이었다!

"사람들은 풀어줄 땐 풀어줘야지, 너무 몰아세우기만 해도 안 돼!"

그래서 콧대 높은 멕시카족은 그곳에 눌러살면서
개구리도 팔고 오리도 팔고 물가의 지렁이를 말린
고단백 영양식도 팔면서 먹고살았다.

그렇지만 모두가 쪼들린 것은 아니었다! 호숫가에서 멀지 않은 곳에 살던 테파넥족의 우두머리로 막 올라선 테소소목은 제국을 꿈꾸었다.

1375년경 테소소목의 징세관이 테노치티틀란까지 배를 타고 와서 손을 내밀었다.

지렁이 쉰 자루하고 오리 백 마리!

멕시카족은 세금을 냈다. 테소소목이 멕시카족 장정을 군인으로 끌고 가겠다고 '부탁'했을 때도 말없이 따라갔다.

1385년 테소소목이 벌인 전쟁에서 아스텍 부대는 용맹을 떨쳤다. 왕은 흐뭇했다.

부탁만 하면 뭐든지 척척 들어주는구나!

반란을 이끈 것은 3인의 멕시카 장수였다. 틀라카엘렐은 주모자였고, 몬테수마는 장차 황제가 될 장수였으며, 이트스코아텔은 당시 테노치티틀란의 왕이었다.

사람들과 상의도 하지 않고 틀라카엘렐은 테파넥의 수도로 가서 전쟁을 선포했다.

집으로 돌아와 보니 난리가 났다.

미쳤어?

싸우자고 주장하던 주전파는 동요하는 아스텍 사람에게 제안을 했다.

반란이 실패로 돌아가면 싸울 마음이 없었는데 우리가 억지로 끌고 나갔다고 하시오. 그럼 우리가 제 발로 적에게 걸어가서 제물이 될 테니까!

우리가 이기면 우리 도시도 잘 살 테니까 우리를 떠받들고 우리 후손도 길이길이 특별 대접을 해주어야겠소!

이의 없지?

전하는 말로는 사람들은 전쟁을 지지했다고 한다.

비록 우리가 먼저 시비를 걸었지만 나라의 안위가 위태롭다잖아!

테노치티틀란은 다른 두 도시 텍스코코, 틀라텔롤코와 손잡고 테파넥의 수도로 쳐들어가서 테소소목의 손자인 왕을 죽였다.

이렇게 해서 세습 귀족이 되었다.

오케이! 2단계. 이제부터는 지난번에 우리가 싸워서 적으로 만들었던 자들로부터 우리를 지키기 위해 자나 깨나 전쟁만 벌인다.

거 말 되네!

연합국은 테파넥 제국에 총공세를 퍼부었다. 테파넥 제국의 도시가 하나둘 무너졌다.

전쟁 이야기가 나왔으니 한마디. 전투에서 멕시카 병사는 적을 죽이지 않고 생포하려고 애썼다. 이를테면 다리를 노려서 일격을 가하는 식이었다.

싸움에 진 전사는 엄격한 의식을 따라야만 했다. 생포자는 사실상 그를 양자로 삼았다.

"이제부터 우린 가족이란다!"
"고마워요, 아빠."

포로는 잘 대해주었지만 결국은 제관이 그의 심장을 도려냈다!

"나 같은 사람을 위해 만들어진 제도라고나 할까. 난 사람 죽이는 거 끔찍해서 잘 못하거든."

그렇지만 나중에 스페인 사람들과 싸울 때는 애를 먹었다. 스페인 군인은 죽이기 위해 싸웠던 것이다.

제국은 날이 갈수록 커졌지만 무릎 꿇기를 거부하는 이웃 나라가 딱 하나 있었다. 첩첩산중에 둘러싸인 틀라스칼라였다.

그렇지만 멕시카족은 틀라스칼라를 잘만 뜯어먹었다. 신에게 제물로 바칠 사람이 모자라면 '평화 전쟁'을 선포한 뒤 점령은 안 하고 포로만 잡아갔다.

"웬 '평화'?"
"어감이 좋잖아요."

1486년 무렵이면 제국은 험준한 산세에 둘러싸여 헐벗은 한 많고 고집스러운 틀라스칼라 사람들만 빼놓고는 중부 멕시코 전역을 차지했다.

"그러니까 좋은 말 할 때 기어들어 왔어야지!"

테소소목과 갈라진 지 60년이 지난 1486년 전쟁신 우이트실로포치틀리의 신전이 테노치티틀란에 들어섰다. 신전은 전쟁에서 챙긴 전리품으로 당당해진 수도를 굽어보았다.

그해 귀족들은 아우이트솔을 새로운 황제로 뽑았다. 관습에 따라서 황제가 대관식 때 제물로 바칠 포로가 많이 필요했다.

아우이트솔의 군대는 벌써 떠난 지 오래되었지만 감감무소식이었다.

"하느님도 우리도 배고파 죽겠구만…"

새 신전의 완공과 맞물렸기 때문에 이 대관식의 의미는 각별했다. 아우이트솔은 무려 8만 400명이나 되는 포로를 끌고 돌아왔다.

와! 우리가 역시 숫자에는 강하구나!

행렬은 끝없이 이어졌다.

포로를 제단에 올리는 데 꼬박 나흘이 걸렸다. 밤이고 낮이고 15분마다 200명씩 처리했다.

다음!

1500년 무렵이면 아우이트솔은 넓힐 수 있을 때까지 제국을 넓혔고, 정복 사업을 일단락 지었다.

안 그래도 팔 아파서 나도 더 이상은 못 해먹겠다 싶었어!

우리 정말로 죽는 거 아니지? 그냥 만화 속에서 잠시 끌려가는 척하는 거지, 동생?

작가 선생님이 알아서 하시겠죠.

때는 1515년 황제는 몬테수마 2세였다. 워낙 눈이 높았던지라 공직에서 평민을 모두 몰아냈다. 말도 귀족하고만 했다. 시녀도 하나같이 귀족이었다.

몬테수마는 전쟁을 본 적은 있지만 경험은 부족했다. 주로 궁궐이나 신전에서 업무를 보거나 개인 동물원이나 조류사육장에서 놀았다. 옷은 한 번 입고는 내버렸고 식탁에는 200가지 요리가 올라왔다. 그리고 늘 초콜릿을 홀짝거렸다.

하지만 마음은 편치 않았다. 동시에 무시무시한 세력이 나타났다는 소식이 속속 들어왔기 때문이다.

그려온 그림을 보니까 바다에 처음 보는 산들이 둥둥 떠 있었다. 세상에 종말이 왔나? 그럼 어쩐다지?

몬테수마는 그냥 있기로 마음먹는다. 딱 하나 한 일은 모든 파발꾼을 없애 소문이 퍼지지 못하게 한 것이다.

그리고 무작정 기다렸다.

어설픈 야심

1492년 10월 12일 이른 아침!

육지다!

그렇다. 한 달이 넘게 항해를 하느라 비타민에 굶주리고 겁에 질리고 짜증이 언제 폭발할지 몰랐던 크리스토퍼 콜럼버스와 선원들이었다.

선원에게 자극을 주려고 콜럼버스는 육지를 처음 발견하는 사람한테 죽을 때까지 해마다 은화 735레알을 준다고 약속했다. 새벽 2시, 망루에서 소리를 질렀다.

육지다!
확실한가?
예, 확실합니다!
정말?
확실하다니까요.
어떻게 확실한데?

콜럼버스는 침대를 박차고 나와 망루로 올라갔다.

죽인다! 육지다!

(죽인다!=끝내준다. 콜럼버스가 쓰던 가장 심한 욕.)

콜럼버스는 발견을 처음으로 확인한 사람이 자기라는 이유로 연금을 스스로 챙겼다.

내가 보고 나서야 확인이 된 거잖아!

부글부글 궁시렁

긴 배에다 교역품과 종교용품을 수북이 싣고 선원들은 노를 저어 일본인인지 인도인인지 모를 사람들을 만나러 갔다.

손짓 발짓으로 콜럼버스는 원주민에게 기독교도로 개종하여 스페인 백성이 되고 자기가 들고 간 겉만 번지르르한 물건과 금을 바꾸자고 했다. 콜럼버스는 운이 좋았다. 만약 그곳이 정말 아시아였다면 콜럼버스는 괘씸죄로 목이 날아갔을 것이다.

하지만 정작 웃음거리에 놀림거리가 된 것은 스페인 사람들이었다.

스페인으로 돌아온 콜럼버스는 세계에서 제일 먼저 아메리카 부동산을 팔고 다녔다.

황금으로 깔린 거리!
무한한 기회!
자본 증식 찬스!

페르디난도 왕과 이사벨라 여왕은 솔깃했고, 1500명의 인원이 18척의 배에 나눠 타고 2차 원정에 나섰다. 모두 똑같은 꿈에 부풀 대로 부풀어 있었다.

황금

그렇지만 헛된 꿈이었다. 막상 아이티에 와보니 황금은커녕 전에 남겨둔 사람들이 초죽음 상태였다.

신세계에서 건진 게 없나요?
건진 건 없고 내가 얼마나 어리숙했는지만 깨달았네.

콜럼버스의 반응은? 잽싸게 물러났다. 콜럼버스는 식민지 경영보다는 탐험을 더 좋아했다!

바이!

다시 아이티로 돌아와 보니 말이 아니었다. 식민지 주민의 절반은 죽었고 질병과 의욕 상실로 신음하고 있었다. 아무도 벌이를 못 했고 저마다 불만투성이였다. 왕에게 진정을 하러 스페인으로 떠난 사람도 있었다!

못 가게 막아라!

남은 길은 단 하나뿐이었다.

인디언을 노예로 만들자!
금방 다녀올게!

원성은 끊이지 않고 왕에게 날아들었다. 콜럼버스가 너무 잔인하다, 너무 무르다, 너무 원칙이 없다, 가족한테는 너무 너그럽고 다른 사람한테는 너무 야박하다, 인디언한테 너무 잘 해준다, 인디언을 너무 괴롭힌다…

휴! 정말 끝이 없구먼.

도대체 콜럼버스가 어떻게 처신해야 했을까? 이런 식으로 생각해보자. 우리의 목표는 원주민과 친하게 사귀면서 동시에 군림하는 것이고, 원주민을 갈취하면서 동시에 존중하는 것이고, 원주민의 신을 박살내면서 동시에 원주민을 따사롭게 개종시키는 것이라고. 그럼 무슨 일을 해도 문제가 생긴다!

그러니까 그냥 여러분 마음대로 하세요!

페르디난도 왕은 콜럼버스를 내몰고 새로 총독을 보내기로 마음먹었다.

당장 파직하고 또…

옙!

쇠사슬에

묶어오라. 그러니까 한때는 바다를 호령했던 장수가 죄수 신세로 스페인에 호송되었다.

억울합니다! 세례를 베풀고 수천 명을 죽인 사람을 이렇게 대접해도 됩니까?

새로 온 총독은 백인들과는 잘 지냈지만 원주민은 급격히 줄어들었다.

친구야, 개처럼 실컷 부려먹을 수 있는 원주민을 뭐 하러 죽이나?

죄송합니다, 총독님. 왠지 그래야 할 거 같은 느낌이 들었습니다.

음, 자넨 보기보다 감수성이 참 풍부하구먼.

페르디난도는 (다행히 쇠사슬은 풀어주었지만) 콜럼버스를 삭탈관직했다. 하지만 아이티에 있는 재산은 그대로 두었다.

집에 가서 쉬라. 그게 몸에 좋아.

하, 하지만 저, 정말로 전 이대로는…

어허, 쉬라니까.

재산은 많았지만 마음 붙일 곳이 없었던 왕년의 제독은 1502년 4차 항해에 나섰다. 그것이 불찰이었다.
"아무래도 역마살이 끼었지 싶소이다!"

배가 난파해서 많은 사람이 죽었다.
"철썩! 철썩!"

콜럼버스와 일부 사람들은 자메이카 해안까지 떠밀려갔다.
"그래! 역경을 모르는 인생은 고추장 빠진 떡볶이거든!"

한 선원이 원주민 몇 사람과 함께 구원을 요청하러 카누를 타고 망망대해로 몇 백 킬로미터나 노를 저어 나갔다.

일부는 아이티에 닿았지만 콜럼버스를 싫어했던 총독은 몇 달 동안 시간을 질질 끌었다.
"내가 여기서 죽거든 끝까지 의연했다고 전해주게나!"
"끝까지 연연하시네!"

군입을 먹이는 것도 하루 이틀이지 자메이카 사람들은 짜증이 났다. 자연히 스페인 사람을 바라보는 눈초리도 험악해졌다. 그런데…
"자꾸 기분 나쁘게 쳐다보면 달을 없애버리는 수가 있어!"

콜럼버스는 항해력이 있었기에 1504년 2월 29일의 월식을 칼같이 내다보았다. 만화책에서나 벌어질 법한 일이 실제로 있었던 것이다.
"나를 존경하는 사람은 나밖에 없었는데 그때부터 여럿으로 늘어났지요!"

자메이카 사람들은 다시 너그러워졌고 아이티 총독은 배를 보내주었다. 섬에서 18개월을 보낸 뒤 콜럼버스는 1504년 귀로에 올랐다.

그리고 2년 뒤 처량하게 죽었다.

불쌍한 콜럼버스!
앞을 먼저 내다볼 줄 알았고
노련한 항해가였으며
(좀 지나칠 때도 있었지만)
자기를 부지런히 선전할 줄도
알았지만 외교력이나
통치력, 과학탐사 능력,
남을 이해하는 마음은 모자랐다.
콜럼버스도 불쌍했지만
카리브 사람은 더 불쌍했다!

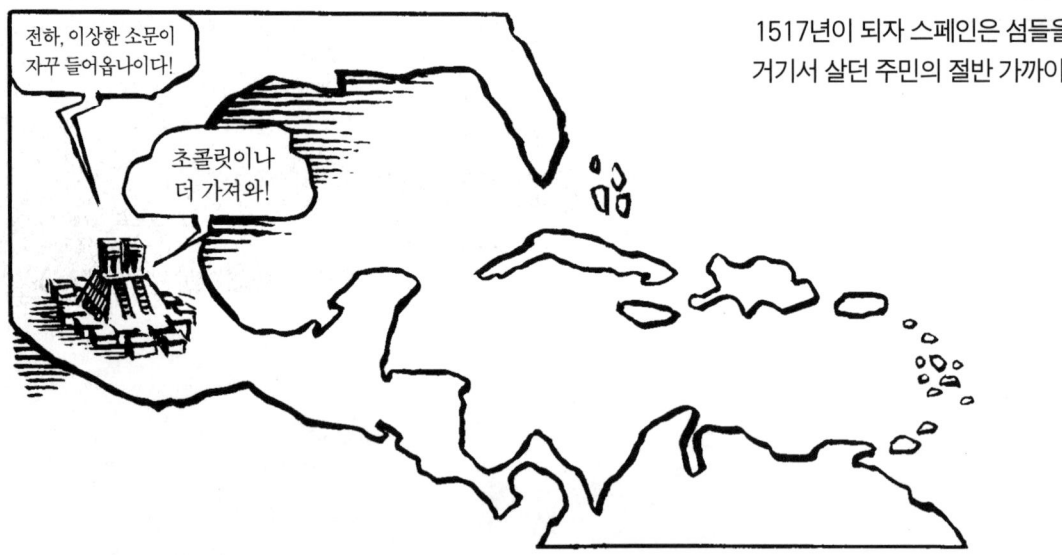

몬테수마의 궁전

쿠바, 1518년. 섬을 정복한 디에고 벨라스케스 총독은 신부, 관리, 여자 몇 명, 노동자 조금, 선원, 스페인이 벌인 전쟁에서 싸웠던 퇴역 군인으로 이루어진 식민지를 다스렸다.

인디언이 자꾸만 죽어나가자 벨라스케스는 불쌍한 사람들을 죽도록 부려먹지 말고 아프리카에서 노예를 들여오자고 제안한 한 섬세한 신부의 조언을 받아들였다.

따지고 보면 인디언도 우리처럼 영혼이 있거든요!

그거 말 되네.

바르톨로메 데 라스 카사스 신부는 나중에 생각이 달라졌지만 사태는 돌이킬 수가 없었다.

내가 경솔했소! 여러분도 사람이오! 미안하오!

고마워서 눈물이 앞을 가리네요.

제국에서도 가장 변방에 있던 한 마을에서 늙은 군인은 새로운 전쟁을 꿈꾸었다. 하지만 디에고 벨라스케스가 직접 나서기는 무리였다. 멕시코 원정에 흔쾌히 나설 인재를 찾아야 했다.

젊고 용감하고 똑똑하고

명예욕이 있지만 너무 심하지는 않고

신앙심이 깊어야 하지만 신부는 곤란하고

그때 법과대학을 중퇴하고 주색잡기에 능하며 모험을 좋아하던 껄렁껄렁한 에르난 코르테스가 등장한다. 코르테스는 식민촌에서 처녀를 건드렸다가 코가 꿰어 원치 않는 결혼을 했다.

코르테스는 쿠바에 금광을 가진 재산가였지만 명예욕이 있었고, 무엇보다도 성격이 드센 부인한테서 달아나고 싶었다.

코르테스는 멕시코 원정에 모든 것을 쏟아부었고 나머지는 디에고 벨라스케스가 대주었다. 두 사람은 아주 세세한 데까지 합의를 하고 계약서에 엄숙하게 서명을 했다!

코르테스는 열심히 사람을 모으면서 권력과 재산과 명예를 약속했다. 쿠바 주민의 절반이 따라나섰다. 디에고 벨라스케스는 가슴이 철렁 내려앉았다!

총독은 모든 것을 없었던 일로 하기로 마음먹었다.

하지만 코르테스는 눈치로 먹고사는 인물이었다. 그가 이끄는 소함대는 디에고 벨라스케스가 미처 손 쓸 겨를도 없이 야음을 틈타 빠져나갔다!

1519년 초 함대는 마야 지방에 닿았고 코르테스는 벨라스케스가 가장 우려했던 일을 바로 행동으로 옮겼다.

왕년에 법대를 다녔던 사람답게 우리가 주인 노릇을 하는 도시의 새로운 헌장을 만들라고 친구들을 부추겼다. 그들은 코르테스를 '선장 대장'으로 뽑고 무슨 일이든 할 수 있는 권한을 주었다!

절대 권력을? 나한테? 아싸!!! 당연히 해야지!

뿌드드드드드드드득

이 가는 소리

벨라스케스의 친구들은 총독과 한 약속이 있으니까 코르테스가 권한을 마음대로 행사하는 것은 위법이라고 따졌다. 왕년의 법대생은 그건 하나만 알고 둘은 모르는 소리라고 받아넘겼다.

시의회에서 내린 결정이 더 권위가 있거든. 나도 안 따를 재간이 없어요. 안 그랬다간 고대 로마법전 제16절 제9부속조항을 어기는 거거든!

그러고는 불평분자들에게 족쇄를 채워 자기의 권력을 과시했다!

아직 법을 잘 모르는구만들.

한편 코르테스는 중요한 발견을 했다. 중부 멕시코에서 온 마야족 출신의 말리나라는 스무 살 남짓 된 노예가 마야어도 하고 나우아틀어도 하고 아스텍어에도 능통한 데다 멕시코 정치를 꿰뚫고 있었다. 여자는 코르테스한테서 스페인어도 배웠다. 밤중에…

스페인 배가 처음 왔을 때부터 파발꾼들은 멕시코시티에 있던 몬테수마 2세에게 재빠르게 소식을 알렸다.

"난데없이 물에 떠다니는 산이 나타나더니 사람들이 우르르 내렸습니다."

"그 사람들은 여자 하나와 아기 하나를 숭배합니다. 우리들 신상은 박살내구요."

"몇 사람이서 수백 명을 해치웁니다. 막대기불이 있어서 멀리서도 죽여요. 커다란 사슴 같은 동물을 타고 다니는데 아주 흉악합니다."

"켐포알라에서는 우리 쪽 세리 둘을 잡아가면서 사람들한테 앞으로는 중앙에다 세금을 내지 말라고 했습니다."

"코수멜 섬의 주민들은 토착 신을 내던지고 여자와 아기를 신으로 섬기고 있습니다."

그래서 지체 높은 사신들이 하인과 서기를 거느리고 황금, 옥, 깃털로 만든 보석을 잔뜩 짊어진 짐꾼들과 신의 먹이가 될 사람을 가둔 우리를 앞세우고 코르테스한테 갔다. 그들은 스페인 사람에게 인사를 하고 선물을 풀어놓고 왕의 뜻을 알렸다.

이미 사람, 도시, 황금 할 것 없이 멕시코 사정을 꿰뚫고 있었던 코르테스는 몬테수마를 만나러 갈 생각이라고 말했다.
아스텍 사람도 코르테스의 부하들도 깜짝 놀랐다!

기억하겠지만 틀라스칼라는 멕시코 제국에 섬처럼 둘러싸인 외로운 고장이었다. 동서남북이 가로막힌 곳에 갇혀서 그곳 사람들은 면화도 소금도 없이 살았고 외지인을 불신했다.

코르테스는 대화를 시도했다. 그러면서 멕시코의 적이라면 자기 같은 사람을 써먹어야 한다고 귀띔했다.
"할 말이 있으면 직접 하지 왜 여자를 통해서 말해?"
"뭔가 떳떳하지 못한 거야. 해치우자."

틀라스칼라 사람들이 공격했다.
"말로 하자니까 그러네!"

여러 날 동안 일방적으로 학살을 당한 뒤에 오지 사람들은 저항을 포기하고 스페인에 협조하기로 했다.

바로 그때 더 많은 멕시코 사신이 다시 선물을 싣고 와서 떠나달라고 요청했다. 그러면서 틀라스칼라족은 못 믿을 사람들이라고 덧붙였다. 코르테스는 자기가 알아서 판단한다고 대꾸했다.
"거짓말쟁이, 사기꾼, 이중인격자, 소매치기, 욕쟁이, 비렁뱅이, 신성모독…"
"그래 넌 얼마나 잘났나 보자!"

코르테스가 한 연설을 말리나가 얼마나 통역을 잘했는지 틀라스칼라 사람들은 그다음 한 세기 동안 스페인 편에 섰다.
"저 여자가 하는 말 중에서 다 알아듣겠는데 '싸움터의 제물'이 된다는 건 무슨 뜻이람?"

수천 명의 틀라스칼라족이 코르테스와 함께 테노치티틀란으로 행진했다. 몬테수마의 사신들은 서둘러 그 사실을 알렸다.
"그냥 악질 살인마인 줄로만 알았는데 웅변 솜씨도 제법인데!"

틀라스칼라가 코르테스에 붙었다는 소식을 듣고 몬테수마는 심각해졌다. 갑옷을 입은 외지인을 죽이거나 생포하라고 제국 곳곳에 방을 붙였다.

"선물까지 보냈는데 감히 내 밥을 집적거려? 배은망덕한 털북숭이 같으니…"

후르륵

그래서인지 코르테스 일행이 잠시 쉬었다 가려고 촐룰라 시에 들어서니 분위기가 싸늘했다. 음식도 없었고 숙소도 형편없었다.

말리나가 밖에서 소문을 듣고 왔다. 촐룰라족이 스페인 사람들을 붙잡아서 제물로 바칠 작정이라는 말을 원주민 하녀한테서 들었다는 것이다.

"허허… 이를 어쩌면 좋을까?"
"선수를 치는 거예요."

다음날 아침 코르테스는 2천 명의 장정을 군인으로 달라고 촐룰라에 요구했다.

"이분이 그러겠대요."

촐룰라 지도자들은 쾌재를 불렀다! 그들은 수천 명의 장정을 스페인 사람들이 기다리는 광장으로 보냈다.

앞서도 말했지만 코르테스는 선수를 치는 데 일가견이 있었다! 스페인 군인들이 먼저 공격을 했다.

학살이 끝나자 코르테스는 촐룰라의 지도자들한테 호통을 쳤다. 당신들 속을 훤히 꿰고 있는데 나를 정말 막을 수 있다고 생각하느냐고.

이분은 모르는 게 없어요!

이 소식을 듣고 몬테수마는 이틀 동안 기가 팍 죽었다. 이 요술을 어떻게 막을 수 있을까? 황제는 제물을 올려서 자기와 신들을 위로해달라고 했다.

싱싱한 물건은 아직 많지?

그럼요, 전하!

그리고 이제부터는 마술사를 환영하기로 생각을 바꾸었다.

그러니까 우리가 아는 문명 세계가 끝장나는 건데 각오는 되어 있는가? 난 되어 있나? 누구 되어 있는 사람?

예, 전하, 아니오, 전하, 누군들 알겠습니까, 전하!

그래서 한 무리의 스페인 군인들과 원주민 병사들은 힘들이지 않고 멕시코 문명의 심장부로 들어섰다.

물 위에 그렇게 많은 도시와 마을이 들어선 것을 보고, 그리고 멕시코까지 일직선으로 반듯하게 뻗은 길을 보고, 우리는 너무 놀라서 뭔가에 홀린다는 게 바로 이런 거구나 싶었다. 어떤 병사들은 지금 우리가 보는 게 꿈이 아니냐고 되물었다.

─베르날 디아스 델 카스티요

몬테수마는 침략자들을 친히 맞으러 나갔다. 그리고 촐룰라족이 황제의 윤허 없이 자기들 멋대로 저지른 일이라고 둘러댔다. 코르테스는 괜찮다는 뜻으로 다정하게 껴안으려고 했지만 멕시카족은 기겁을 했다.

잠깐! 원주민은 코르테스를 모두 말린체라고 불렀다. 말리나의 남자라는 뜻이었다.

그들은 도성으로 들어가서 궁궐도 보고 동물원과 새집도 보고 피가 낭자한 사원의 제단도 구경하고 커다란 시장도 돌아보았다.

그들은 궁궐 하나를 차지하고 몬테수마를 '인질'로 '모셔'두고 이곳저곳으로 끌고 다녔다.

볼모로 잡힌 황제는 스페인 사람들이 시키는 대로 황금을 가져오게 했다. 그들의 욕심은 한이 없었다!

몇 주 동안 아스텍족은 침울하게 자기네 제국의 약탈을 도왔다.

하지만 좋은 일이 무한정 계속될 수는 없는 법. 특히 동업자를 배신했을 때는 더 그렇다.

몬테수마의 얼굴이 갑자기 환해졌다. 우울했던 모습은 어디 가고 시시껄렁한 농담까지 던졌다.

이유는? 코르테스를 체포하러 쿠바에서 18척의 함정이 유카탄 해안에 도착한 것이다. 함대를 이끌고 온 디에고 벨라스케스 총독의 친구 판필로 나르바에스는 코르테스를 역적, 도둑, 반역자로 불렀다.

"어서 옵쇼, 말린체 선생!"

"질문 있나?"

"없어요!"

"그러니 멕시코 황제는 신이 날 수밖에!"

"힘내요, 말린체! 사람이 한 번 죽지 두 번 죽나!"

코르테스는 기가 막혔다. 바람 앞의 촛불 같은 신세였지만 빠져나갈 방도가 별로 없었다. 목숨이 위태로웠지만 코르테스는 태연자약했다!

"걱정 마셈!"

"역시 두목은 배짱이 커야 돼!"

이번에도 코르테스는 힘만이 아니라 머리도 썼다. 심부름꾼에게 황금을 들려 보내 나르바에스의 부하들을 구워삶고 새로 온 사람들의 일거일동을 감시하라는 지시도 내렸다.

"우리끼리 싸우면 안 돼요. 여긴 우리가 이미 장악했거든. 이 금은보화를 봐. 괜찮아, 가지라구. 더 있어. 우리한테 붙기만 하라구."

그러고는 틀라스칼라 부대, 스페인 부하 절반을 데리고 동쪽으로 떠나면서 테노치티틀란은 머리카락이 노랗다고 해서 아스텍 사람들이 '태양'이라고 부르던 금발에다 몸집이 좋고 성질이 불같았던 페드로 데 알바라도라는 장교한테 맡겼다.

"설치지만 말아다오!"

정예군은 구보로 산을 넘어 해안으로 내려갔다.

염탐꾼은 코르테스가 다가오는 줄 까맣게 모르는 나르바에스의 군대가 있는 곳을 알아냈다.

코르테스는 해가 지기를 기다렸다가 5대 1의 열세를 감안하여 기습했다!

어둠 속에 보이는 것이라곤 반딧불뿐이었다. 눈알 한쪽이 뽑혀나간 나르바에스는 비명을 지르고 부하들은 항복했다.

장교들은 구워삶았으니 남은 것은 사병들이었다. 나를 따르면 음식, 여자, 황금이 쏟아져 들어올 것이라고 코르테스는 꼬드겼다.

몬테수마 황제가 이 사람과는 단짝 친구라오.

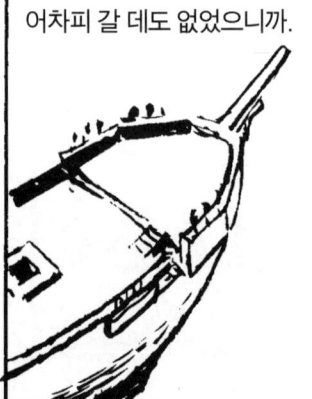
병사들이 뚱한 표정을 짓자 코르테스는 배를 해변으로 끌어올려 못 쓰게 만들고 나르바에스와 측근들을 옥에 가두었다. 병사들은 툴툴거리면서도 코르테스를 따라 내륙으로 들어갈 수밖에 없었다. 어차피 갈 데도 없었으니까.

코르테스는 덕분에 말 백 마리와 군인 1300명을 더 얻었다. 이름은 모르지만 그중 한 사람이 천연두에 걸려 있었다.

코르테스는 알바라도를 혼내고 나서 성난 군중을 가라앉히라고 황제의 등을 떠민다.

"내가 설치지 말라고 했니 안 했니??"

사람들 앞에서 연설을 하라고 몬테수마를 발코니로 끌고 갔다.

날아온 돌에 두개골이 박살나서 황제는 즉사했다.

이제 남은 길은 하나, 내빼는 수밖에 없었다. 육지와는 좁은 길 몇 개로만 이어져 있고 사방이 적으로 둘러싸인 도시를 뚫고 나가는 수밖에 없었다. 그나마 믿었던 길도 멕시카족이 다리를 모두 끊어놓는 바람에 악전고투의 연속이었다. 코르테스가 금은보화를 모두 가져가야 한다고 우기는 바람에 어려움은 더 컸다.

어쨌든 일부는 빠져나갔다. 하지만 상당수는 엄청난 노획물과 함께 그날 밤 호수 밑바닥으로 가라앉았다.

멕시카족은 추적을 할 수도 있었지만 스페인 군인과 틀라스칼라 부대가 달아나도록 내버려두었다.
"칼질하느라고"
"너무 바빠서리!"

스페인 군대는 잠시 쉬었다가 더 큰 싸움을 몇 차례 치르고 산중의 틀라스칼라로 돌아왔다.

거기서는 또 다른 악몽이 기다리고 있었다. 천연두가 퍼져 사람들이 픽픽 쓰러졌다. 면역을 모르는 사람들처럼.

물집이 생겼다 하면 그대로 죽는 병이 퍼졌다고 한번 상상해보라. 그 병에 친구와 가족이 대부분 죽었다고 상상해보라. 틀라스칼라족이 느꼈을 공포와 절망을 상상해보라. 그런데도 그들은 스페인 사람 편에 서서 끝까지 감싸주었다.

아메리카 대륙 어디에서나 유럽인이 정복을 하면 원주민은 몰살당했다.
"희한하네! 그냥 나타나기만 해도 픽픽 쓰러져요!"

제러드 다이아몬드라는 역사가이자 생물학자는 총과 균과 쇠를 원흉으로 지목한다. 효과적인 무기와 갑옷, 기술, 거기다가 낯선 병이 원주민에게는 독이었다.

유럽인, 아시아인, 아프리카인은 워낙 동물들과 붙어살았기 때문에 짐승이 옮기는 병에도 저항력이 강했어요.
"에취!"

역사가들은 원주민은 대부분 전염병 때문에 죽었다는 생각을 한다!
"어쩐지, 우리 조상들이 그렇게 몰상식했을 리가 없거든요!"
"암요, 쏘고 찌르고 굶겨서 죽인 게 끽해야 백만 명을 넘지 않아요!"
"왠지 홀가분해지는 거 있죠."

코르테스는 그래도 싸우고 싶었다! 배를 만든 다음 쪼개서 테노치티틀란까지 실어 나를 수가 있을까? 기술자가 가능하다고 하자, 코르테스는 사람들을 바닷가로 보내서 배에 있던 쇠붙이란 쇠붙이는 모두 긁어오도록 했다.

이러다 여기에 뼈를 묻는 거 아닌가 몰라.

한편 틀라스칼라에서는 있는 연장 없는 연장 다 동원해서 목수들이 나무를 켰다.

장비가 하나둘 도착하자 무언가 일이 제대로 굴러가는 듯싶었다.

좀 쉬엄쉬엄 하면 어디 덧나나?

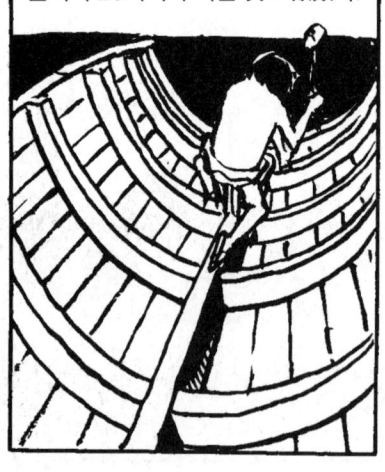
배 스무 척이 만들어졌다. 그중에는 길이가 20미터나 되는 것도 있었다.

드디어 운반이 시작되었다. 스페인 군인, 말, 개, 대포, 원주민 병사, 배를 조각조각 든 짐꾼들의 줄이 십 리도 넘게 이어졌다.

호수에 닿자 배를 다시 짜맞추어 물에 띄웠다. 육군은 호숫가로 퍼져서 테노치티틀란의 주요 보급로를 차단했다. 그리고 싸움이 시작되었다.

스페인군은 도시로 들어가는 물길도 끊었다. 해군은 육군이 송수로를 따라서 시내로 들어갈 수 있도록 도왔다.

사방팔방에서 돌이 날아들었다. 코르테스는 이 아름다운 도시를 살리고 싶었지만 어쩔 수 없이 산산조각 내라는 명령을 내렸다.

휴, 세상 일이 어디 마음대로 되던가요.

좋은 말로 하면 사람들이 말귀를 못 알아먹어요!

시체가 몇 주 동안 끊이지 않고 탔다. 테노치티틀란은 쑥밭이 되었다. 거리와 운하를 송장이 가득 메웠다.

저항 세력을 이끌었던 몬테수마의 아들 과테모신은 카누로 몰래 빠져나가려다가 붙잡히고 말았다.

허무하다.

코르테스는 그 자리에다 바로 새 도시를 지으라고 명령했다. 수많은 원주민이 동원되었고 어느새 새로운 멕시코시티가 들어섰다.

우리가 흘린 피땀을 알아주기나 하려나.

한편 정복군은 지방으로 다니면서 저항군의 뿌리를 뽑았다.

스페인 정착민은 이 '새로운 스페인'으로 몰려들었다. 쿠바 출신으로 미천한 신분이었는데도 코르테스가 할 수 없이 결혼을 한 코르테스 여사도 왔다.

어흠, 부인, 여기는 말리나, 그리고 내 귀염둥이.

코르테스는 거북했다! 원주민 첩, 그중에서도 자식을 여럿 낳아준 말리나한테 푹 빠져 있었기 때문이다.

나 정도 지위가 되는 사람이면 딴 살림을 차려도 되지 않을까요, 부인…

부인과 재결합하고 석 달 만에 코르테스는 하녀들한테 구는 태도가 못마땅하다며 부인한테 호통을 쳤다.

코르테스 여사는 방으로 가서 문을 닫아걸었다.

선장은 뒤따라 들어갔다.

코르테스 집은 손님이 끊일 날이 없었다. 그날 손님들은 고함과 흐느낌을 들었다. 그러고는 침묵이었다.

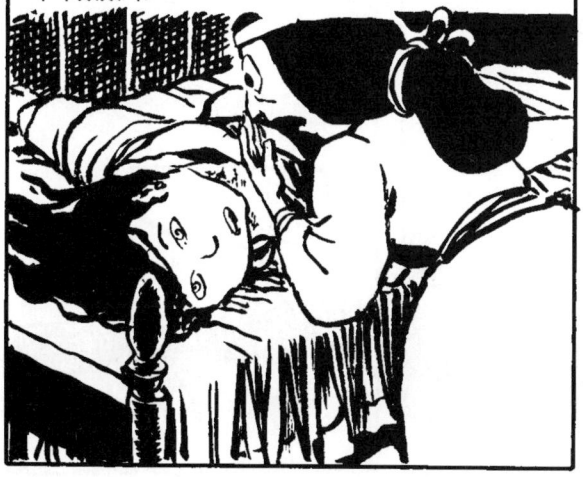
다음날 코르테스 여사는 목에 흉터가 난 채로 죽어 있었다.

공식적으로 발표된 사인은 심한 기침, 곧 천식이었다. 그것으로 끝이었다.

말린체 옆에서는 숨도 제대로 못 쉬는 사람이 많았거든요.

스페인 국왕 카를로스 5세는 코르테스를 환대했고 인도 제도에 대해서 조언을 들으면서 오붓한 시간을 보냈다.

"멕시코가 아니었더라면 짐은 파산했을 거요, 코르테스 선장!"

"층층이 올라간 그 왕관도 제가 보내드린 것입지요, 허허!"

(자세한 내용은 나중에.)

국왕과 밀월 관계를 누리며 코르테스가 잘나가니까 코르테스의 적들은 하늘이 노랬다. 얼마 뒤에는 명문가의 딸과 결혼을 했다!

"좀 찔리네."

환대는 하면서도 카를로스 국왕은 코르테스를 총독 자리에서 물러나게 하고 군사 지휘권만을 맡겼다.

이제 코르테스는 윗사람을 섬겨야 했다.

그는 멕시코시티를 떠나 울분을 삭이면서 지방으로 원정을 다녔다.

나중에는 스페인으로 돌아가 군사 원정과 소송에 휘말려 여생을 보냈다. 코르테스는 1547년에 죽었다.

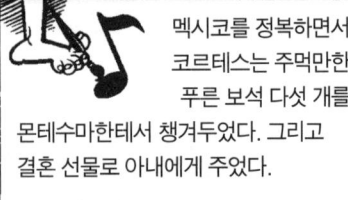
멕시코를 정복하면서 코르테스는 주먹만한 푸른 보석 다섯 개를 몬테수마한테서 챙겨두었다. 그리고 결혼 선물로 아내에게 주었다.

그렇지만 1541년 알제리 침공에 나섰을 때는 보석을 직접 챙겨갔다.

"날강도!!"
"흐흐흐흐"

공격은 실패했고 코르테스가 탄 배는 침몰했다. 코르테스는 목숨은 건졌지만 다섯 개의 보석은 지중해 밑으로 가라앉았다!

"으휴, 난 이제 마누라한테 맞아죽었다!"

나머지 사람들은 어떻게 되었을까? 몬테수마의 말로는 앞에서 보았다.

저항군을 이끌었던 그의 아들 과테모신은 한동안 목숨은 유지했지만 보석 숨겨놓은 곳을 대라고 고문을 받았고 더 이상 나올 보석이 없어졌을 때 결국 처형당했다.

디에고 벨라스케스는 코르테스 고소의 결과를 못 보고 쿠바에서 세상을 떴다.

날강도, 날강도, 날강도!

말리나는 코르테스의 아이를 넷 낳았다. 코르테스가 총애했고 후계자로 삼은 마르틴 코르테스도 말리나의 자식이었다. 나중에는 동족들한테 돌아가서 이름 없이 죽었다.

마르틴 코르테스와 몬테수마 집안을 비롯하여 일부 인디언 자손은 스페인에서 작위와 땅을 얻었다.

이게 자랑스러운 일인지 창피한 일인지 감이 잘 안 잡히네요.

노예 노릇과 돌림병에서 살아남은 원주민은 수많은 자손을 퍼뜨렸다.

종교는 당연히 바뀌었다. 신부들이 와서 성서를 가르치고 원주민의 책은 불 질렀다. 원주민들은 무엇보다도 책이 불타는 것을 보면서 억장이 무너졌다고 한다.

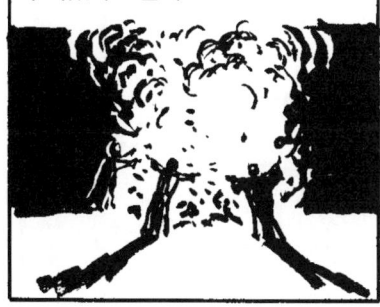

나중에 모두가 독실한 가톨릭 신도가 되었을 때 학식 있는 신부들이 흘러간 세계의 정보를 조금이라도 살리기 위해 원주민 필경사에게 남은 책을 그려서 베끼게 했다.

그냥 태워버리는 게 속편하지 않을까요?

천벌을 받을 소리!

종교 의식의 차원에서도 단백질 섭취의 차원에서도 사람을 제물로 바치는 풍습은 사라졌다. 그 대신 스페인에서 들여온 돼지가 제물 노릇을 톡톡히 했다.

영락없는 사람 살코기 맛이네!

멕시코에서 벌어진 일을 어떻게 받아들여야 할까? 역사는 이야기를 들려주고 원인과 결과를 알아내고 평가하고 저울에 달고 분석하는 것이라고들 말한다. 하지만 역사가 심판을 할 수 있을까? 알아서들 판단하시라. 그렇지만 한 가지는 묻고 싶다. 무차별 학살과 탄압과 한 문명이 이룩한 문화적 위업을 깡그리 부순 것에 대해서 어떻게 달리 반응할 수 있겠느냐고. 그 파괴자들은 그들이 살았던 시대의 산물일 뿐이라고 말할 수 있을지 모른다. 하지만 그렇다면 우리는 그들의 시대도 심판할 수 있어야 한다. 그래서 우리가 사는 시대가 그보다는 좀더 이성적이고 인간적이고 덜 편협해지도록 만들어나가야 한다.

그런데 오늘날 멕시코에서 코르테스는 악당이고 테노치티틀란을 끝까지 지켰던 과테모신은 영웅이다!

위도를 어떻게 재는지는 아무도 몰랐지만 두 나라는 1494년 토르데실라스 조약에서 사이좋게 나눠 가지기로 했다.

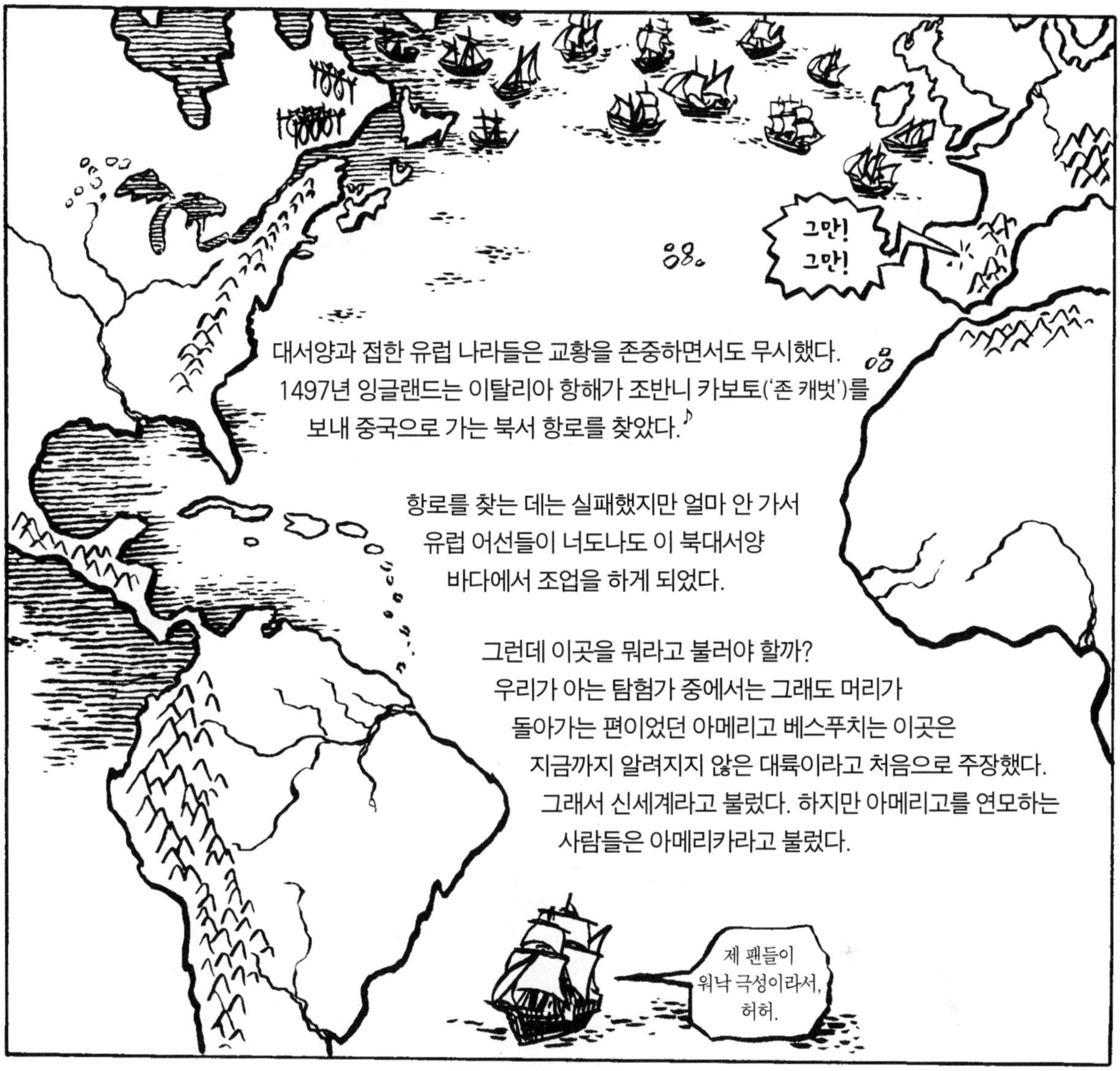

대서양과 접한 유럽 나라들은 교황을 존중하면서도 무시했다. 1497년 잉글랜드는 이탈리아 항해가 조반니 카보토('존 캐벗')를 보내 중국으로 가는 북서 항로를 찾았다.

항로를 찾는 데는 실패했지만 얼마 안 가서 유럽 어선들이 너도나도 이 북대서양 바다에서 조업을 하게 되었다.

그런데 이곳을 뭐라고 불러야 할까? 우리가 아는 탐험가 중에서는 그래도 머리가 돌아가는 편이었던 아메리고 베스푸치는 이곳은 지금까지 알려지지 않은 대륙이라고 처음으로 주장했다. 그래서 신세계라고 불렀다. 하지만 아메리고를 연모하는 사람들은 아메리카라고 불렀다.

제 팬들이 워낙 극성이라서, 허허.

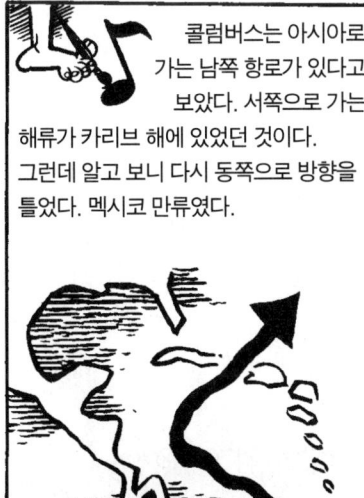

콜럼버스는 아시아로 가는 남쪽 항로가 있다고 보았다. 서쪽으로 가는 해류가 카리브 해에 있었던 것이다. 그런데 알고 보니 다시 동쪽으로 방향을 틀었다. 멕시코 만류였다.

밀도가 높고 차가운 북극해의 물이 밑으로 가라앉으면서 따뜻한 남쪽 물이 그 위로 흘러들어가는 것이 멕시코 만류다. 이렇게 올라온 열대 지방의 물 덕분에 서유럽이 따뜻한 것이다.

지구 온난화의 역설이겠는데, 북극해가 더워져서 더 이상 가라앉지 않으면 멕시코 만류도 흐르지 않고 유럽은 새로운 빙하시대로 빠져든다.

기가 막혀, 더위 때문에 추위를 먹다니!

넷 중에서 에스테반이라는 흑인이 바람잡이 노릇을 했다. 거울과 깃털과 보석을 주렁주렁 매달고 먼저 가서 주민들에게 선전을 했다.

"왔어 왔어! 무슨 병이나 고쳐주는 의원이 왔어 왔어! 약초! 물약! 신비한 동방에서 온 털북숭이 의원의 실력을 믿어주세요!"

의사자격증도 없이 텍사스, 뉴멕시코, 애리조나를 돌아다니면서 7년 동안 진료를 했다. 환대를 받기도 했지만 야반도주를 해야 할 때도 있었다.

7년 뒤 카베사 데 바카는 인디언도 자기와 똑같은 사람이라는 걸 깨달았다. 그래서 나중에 멕시코에 와서 스페인 노예상과 한바탕 붙고 수십 명의 원주민 노예를 풀어주었다.

"우리 조국과 종교에 먹칠을 하는 놈들!"
"현실을 모르는구만."

하지만 멕시코는 카베사 데 바카를 환영했다. 알고 싶은 게 많았기 때문이다.

"황금이 있더이까?"
"노노노!"

아무리 "노"라고 해도 그들은 "예스"로 들었다.

"예스?" "예스?" "예스?" "노!" "노!"

카베스 데 바카는 환멸을 느끼고 은둔했지만 에스테반은 코로나도라는 탐험가의 길잡이 노릇을 했다.

그것이 불찰이었다. 아파치족은 에스테반에게 화살 세례를 퍼부었다.

"으아아아아아아!"

코로나도는 금광을 찾아 캔자스를 몇 달 더 뒤졌다.

"저기 지평선만 넘어가봐."
"지평선 넘다가 세월 다 가겠다."

이 안데스 제국의 꼭대기에는 잉카라는 신성한 왕족이 있었다. 막강한 군사력이 있었음에도 잉카 왕조는 지혜와 평화와 정의와 완성을 추구하는 존재로 스스로를 나타냈다. 아스텍 제국과는 달리 그들은 무력을 휘두르지 않았다. 잉카의 신들은 피를 마시는 법도 거의 없었다. 어쩌다가 가끔 홀짝거릴 뿐이었다.

잉카의 창조 신화에 따르면 태양의 자손인 완벽한 오누이가 페루에 와서 '사람들에게 사는 법을 가르쳐주었다.' 사람들은 두 사람의 가르침을 받아들여 평화롭게 살았다고 한다.

가만, 그럼 문명을 발달시킨 우리 조상들은 어떻게 되는 건가? 그분들도 사는 법은 알았을 텐데?

무슨 소리, 우리를 섬기지 않으면 살아도 산 게 아니었겠지.

그로부터 두 세기가 지나서 열 명 남짓 되는 잉카 집안사람들은 더 많은 사람들에게 사는 법을 가르쳤다. 1500년이 되면 잉카 왕족의 우두머리는 수도 쿠스코에서 제국을 다스리고 사촌과 형제는 지방을 완벽하게 다스렸다. 그러다가 나라의 운명을 뒤바꾸어놓는 가정사가 펼쳐진다.

잉카의 완벽성: 난초를 심은 계단식 밭에 물을 대고 집집마다 물을 끌어들이기 위해서 수로를 팠고 돌벽은 회반죽이나 시멘트를 쓰지 않았는데도 아귀가 착착 맞았다.

1500년경 잉카 왕족 와이나 카파크의 군대가 북부 지방의 키토를 점령했다.

새로 차지한 도시에 왔다가 카파크는 그곳 공주와 결혼했다.

두 사람 사이에서는 아타우알파라는 사내아이가 태어났다. 아기 엄마는 키토의 왕 노릇을 해온 조상들을 기리는 노래를 불렀을 것이다.

왕은 1525년에 죽었다. 순수한 잉카의 피를 받아 쿠스코에서 살던 맏아들 우아스카르가 후계자였다. 하지만 아타우알파는 호락호락하지 않았다!
힘내라, 우리 아들!
아타우알파는 발 빠르게 움직였다. 우아스카르한테 고분고분하게 굴면서도 군사력을 키웠다.
가서 다 형님을 위해서 쓸 거라고 말씀드려.
아타우알파는 군대를 잘게 나누어서 여러 길로 쿠스코로 보냈다. 의심받을 이유가 없었다.
수도 가까이에서 군대는 다시 뭉쳤다. 우아스카르는 반격에 나섰지만 이미 늦었다. 군사력에서 밀렸고 우아스카르는 포로가 되었다.
어서 가시지요!
아타우알파는 후환을 없애기로 마음먹었다. 그래서 몸에 순수한 잉카의 피가 흐르는 우아스카르의 친척을 모조리 죽였다.
정부 관리도, 잉카 여자로 들끓던 수녀원도, 태양신을 모시던 제관도 소탕했다. 수만 명이 목숨을 잃었다. 화를 면한 사람은 극소수였다.
수고했네!

피사로를 따라온 신부가 한심한 통역을 통해 로마 가톨릭을 설명했다. 아타우알파는 거룩한 말씀이 들어 있다는 성서를 좀 보자고 했다. 그러고는 귀를 갖다댔다.

아무것도 안 들리니까 그대로 내팽개쳤다.

신부는 악을 썼고 갑옷을 입은 병사들은 아타우알파의 가마꾼들을 베기 시작했다. 가마꾼들은 지엄한 옥체가 바닥에 닿지 않도록 안간힘을 썼다.

쳐라!!

결국 스페인 군대는 왕을 생포했다. 피사로는 일이 각본대로 척척 굴러가니까 신났다.

실력은 좀 뒤질지 모르지만 결과는 똑같잖아요!

정복자들이 무엇을 요구했겠나? 당연히 금이었다. 아타우알파는 자기를 풀어주면 커다란 방에다 자기 키가 안 닿을 만큼 황금을 가득 채워주마고 약속했다.

알고 보니 페루는 멕시코보다 노다지였다. 태양 신전의 벽은 황금판으로 뒤덮였다. "눈을 못 떠요!" 	수많은 보석과 함께 이 황금판도 아타우알파의 방으로 실려왔다. 하지만 황금으로 방을 채우는 데는 생각보다 시간이 많이 걸렸다.  "휴… 이렇게 세워서 쌓으면 안 될까요?"

스페인 사람들은 금을 녹여 덩어리로 만들어서 챙길 건 좀 챙기고 산 밑으로 보냈다. 금괴는 파나마에서 스페인으로 갔다. 	나머지는 지겹도록 들어온 잔혹과 파괴와 배신♪의 이야기다.  "허 참! 제발 좀 탐험가로 불러 달래니까요!"	아타우알파는 우아스카르를 죽였다. 피사로는 아타우알파를 죽였다. 피사로에게 돈을 댄 물주 하나가 자기 몫을 요구하다가 살해당했다. 피사로도 살해당했다. 피사로의 동생은 독립을 선포했다가 역시 살해당했다. 하지만 스페인은 페루를 차지했고 바다에서 가까운 리마를 새 수도로 삼았다.

정복이 끝나자 황금에 눈이 먼 군인들은 사방으로 흩어졌다. 그중에는 동쪽으로 산을 타고 넘어 밑의 울창한 밀림으로 들어간 사람들도 있었다. 	가장 이성을 잃은 사람은 로페 데 아기레였다. 그는 아마존 강을 따라 내려가는 배에 올라탔다. 그러고는 지도자를 하나하나 죽였다. 나중에는 자기와 생각이 다르거나 그냥 수군거리는 사람까지 죽였다.  "들릴락 말락하게 '그런데' 하기에 죽였다, 왜?"	왜? 페루에서 아기레는 말대답을 하다가 곤장 백 대를 맞았다. 다리 한쪽이 부상을 당해서 절뚝거렸다. 몸이 편치 않은 데다 울분이 쌓이니까 자꾸 흉포해졌다. 나중에는 자기 딸까지도 죽였다.  "마음이 여린 사람이 상처를 받으면 저같이 되는 겁니다!"

잉카의 보물은 한탕으로 그쳤지만 페루의 노른자는 포토시였다.

포토시

워낙 고지대인 데다 오지라서 포토시는 1543년에야 세상에 알려졌다. 순도 50퍼센트의 은광이 발견된 것이다.

야호!

순식간에 읍이 들어섰고 읍은 도시로 커졌다. 꼬불꼬불한 골목은 칼바람을 피하는 데는 제격이었다.

처음 포토시에 온 스페인 제련기술자들은 낙심했다. 은을 모으려면 광석을 뜨겁게 가열해야 하는데 해발 4000미터가 넘는 고지대라서 용광로가 잘 달궈지지 않았다. 하지만 인디언들이 산비탈에 만든 작은 가마는 바람을 등에 업고 높은 온도를 냈고 포토시는 처음 20년 동안은 그것으로 그럭저럭 굴러갔다.

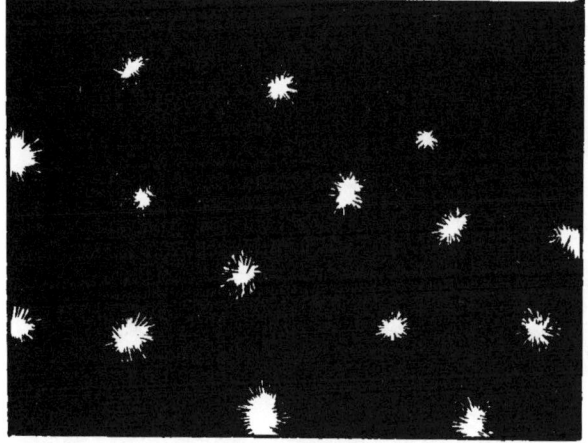
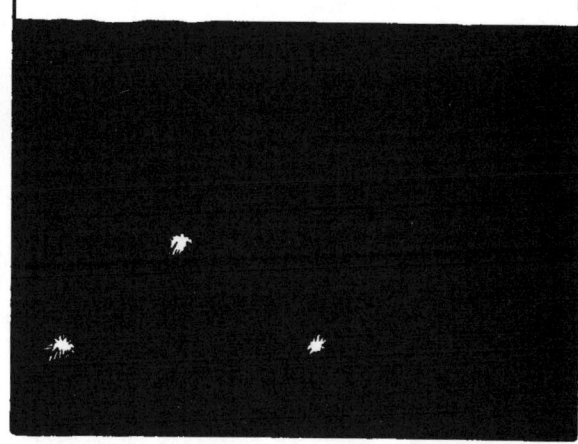

광맥을 찾아 자꾸만 땅속 깊이 들어갔다. 원광석의 질이 워낙 좋았다. 스페인은 광부로 쓸 사람을 보내라고 원주민 부족마다 인원을 할당했다. 1년에 2천 명의 광부가 투입되었다. 별거 아니라고 생각할지 모르지만 그들은 거의 다 죽었다.

코카 잎을 아무리 씹어도 배겨낼 수가 없네요.

새로운 제련법이 자리를 잡으면서 은 생산이 크게 늘었다. 소수의 광산주는 떼돈을 벌어 말까지 요란한 장식을 하고 다녔다.

말한테도 경례!

왕의 심복은 도시도 스페인풍으로 다시 지으라고 명령했다. 광장이 생기고 쭉쭉 뻗은 한길도 생겼다. 매서운 칼바람이 빠져나갈 통로가 생긴 셈이었다.

음, 완벽하다!

그렇지만 광산을 가진 사람들끼리는 툭하면 싸웠다. 바스크 사람들과 나머지 사람들이 죽기 살기로 싸웠다. 은이 얼마나 남아돌았는지 병사들은 치아까지 은으로 단단히 씌웠다. 새로운 광장은 졸지에 싸움터로 변질되었다.

코카 일인분 추가!

현실주의 그림의 한 장면 같았다. 해발 4000미터가 넘는 도시에 사는 15만 명의 사람들은 한두 해가 멀다 하고 잔뜩 빼입고 싸움을 벌였다. 산소가 모자라서 말들은 서 있다가 픽픽 쓰러졌다. 여자들은 감히 집 밖으로 나갈 엄두도 못 냈다. 물론 아기를 낳을 때는 산 밑으로 내려가야 했다. 포토시에서 태어난 아기치고 살아남은 아기가 없다는 소문이 있었기 때문이다.

이 기묘한 무법천지♪의 도시에서 스페인의 군비를 무려 백 년 동안이나 댔다!!!

무법천지의 예: 근시인 사내가 당구를 치다가 자기가 이겼다고 주장한다. 상대방은 당구대 한복판의 동그란 닭똥을 가리키며 말한다.

"자네 공은 저기 있잖아!"

사내는 닭똥에 손을 대고 사람들은 박장대소한다.

그다음에는 칼부림이 난다.

정말 누군가 포토시를 영화로 만들었으면 좋겠다.

고산지대로 무대를 옮겨 뉴욕의 갱들이 벌이는 한판의 서부극을 만들자는 거죠.

몰랐던 이야기

다 가마의 배는 평소에 다니던 아프리카 뱃길로 갔지만
바람이 안 부는 적도 부근의 무풍대에서 몇 달이나 발이 묶였다.
망망대해에서 그렇게 허송세월하기도 쉽지가 않았다.
비타민 부족과 이런저런 병에 시달리다가 남서부에서
간신히 바람을 만났다.

모잠비크에서 선원의 절반을 잃고 나서야 겨우 북쪽으로 가는 뱃길을 찾았다.
인도인을 길잡이로 삼았고 오렌지를 한가득 실으니까 그제야 다들 제정신이 돌아왔다!

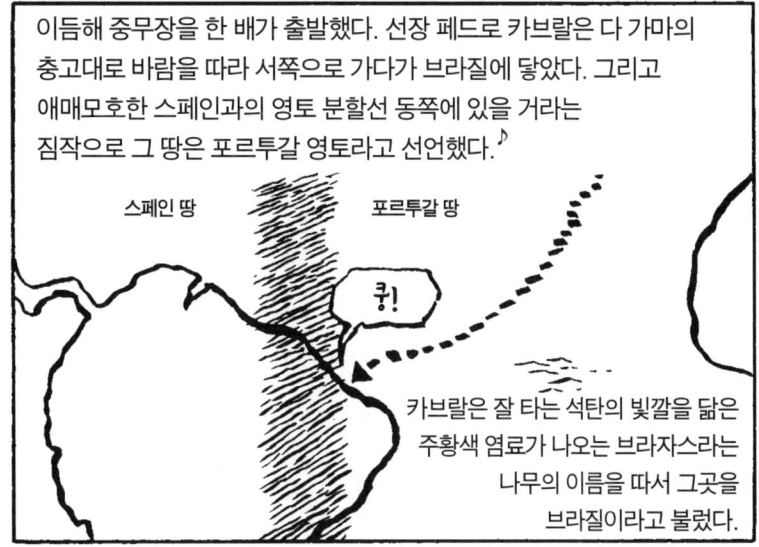

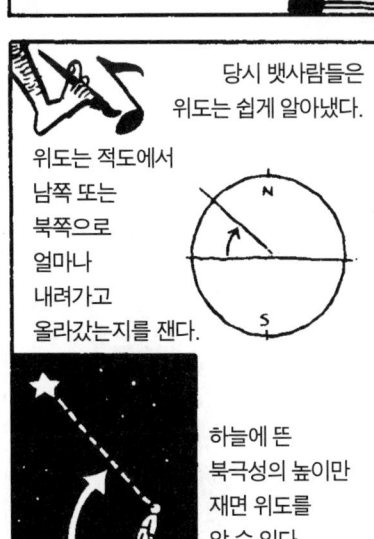

카브랄은 앙갚음으로 대포를 퍼붓고 나서 캘리컷을 떠났다.

남쪽으로 가다가 야자수가 늘어진 코친에서 캘리컷의 앙숙을 만나니 뿌듯했다. 코친 왕은 포르투갈 원정대를 반갑게 맞아주었다.

"우린 참 공통점이 많구려!"
"예를 들면?"
"예를 들면 공동의 적이라든가, 그리고… 그리고… 그리고…"
"됐거든요!"

폭동 소식을 들은 포르투갈 왕은 27척의 배를 바스코 다 가마와 함께 보냈다. 다 가마는 복수심에 불탔다.

복수, 복수, 복수!!!

도중에 다 가마는 메카 성지 순례를 마치고 고향으로 돌아가는 인도의 이슬람교도가 가득 탄 배를 덮쳐서 값나가는 물건을 약탈한 것까지는 좋았는데…

굳이 사람들을 짐칸으로 몰아넣고 불을 질러서 배를 가라앉혀야만 했을까?

그리고 변상을 받으러 캘리컷으로 갔다.

1509년부터 포르투갈의 새 제독 아폰수 데 알부케르케는 인도 해역의 모든 항구를 요절냈다.
산호가 아름다운 스와힐리 해안의 항구들도 박살냈고 페르시아 만의 호르무즈도 손에 넣었고 중국과
인도네시아 물건이 아프리카, 인도, 서아시아 상품과 만나던 가장 흥청거리던 항구 말라카도 장악했다.

포르투갈은 고아, 마카오, 말라카, 모잠비크 등 뿔뿔이 떨어져 있지만 전략적으로 중요한
작은 항구로 이어진 특이한 제국을 만들었다. 그런 식으로 동쪽 대양을 지배했다.

말라카는 확대 지도를 보시오.

이름이 덜 알려진 여행자들도 있었다. 1500년인가 포르투갈은 멀리 떨어진 에티오피아라는 기독교 나라의 왕을 찾으라고 한 모험가를 보냈다. 그는 에티오피아에 당도했지만 30년 동안 그곳에 억류되었다.

휴, 그래도 문전박대당하는 것 보다는 낫겠지요.

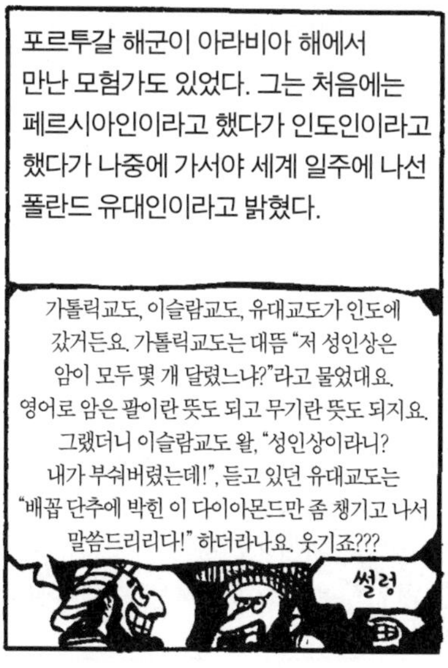

포르투갈 해군이 아라비아 해에서 만난 모험가도 있었다. 그는 처음에는 페르시아인이라고 했다가 인도인이라고 했다가 나중에 가서야 세계 일주에 나선 폴란드 유대인이라고 밝혔다.

가톨릭교도, 이슬람교도, 유대교도가 인도에 갔거든요. 가톨릭교도는 대뜸 "저 성인상은 암이 모두 몇 개 달렸느냐?"라고 물었대요. 영어로 암은 팔이란 뜻도 되고 무기란 뜻도 되지요. 그랬더니 이슬람교도 왈, "성인상이라니? 내가 부숴버렸는데!", 듣고 있던 유대교도는 "배꼽 단추에 박힌 이 다이아몬드만 좀 챙기고 나서 말씀드리리다!" 하더라나요. 웃기죠???

로도비코 바르테마라는 베네치아 사람은 운이 좋았다. 아랍어와 튀르키예어를 배워 메카로 숨어들었다가 예멘에서 감옥에 갇혔다. 예멘의 심문관들 앞에서 바르테마는 바지를 내리고 오줌을 쌌다. 심문관들은 머리가 돈 녀석이라며 풀어주었다.

살다 살다 별꼴을 다 봐요!

평등을 지향한 식민지답게 브라질은 흑인만이 아니라 인디언도 노예로 삼았다. 노예무역의 중심지는 상파울루였다.

정부의 손길이 미치지 않은 상파울루로 일확천금을 노리는 사람들이 모여들었다.

한탕을 노리는 이 사람들은 무장을 하고 그림 같은 곳에서 살아가던 과라니족을 덮치러 파라과이까지 올라갔다.

한술 더 떠서 내륙을 통해서 포토시까지 간 사람들도 있었다.

거기서 조금씩 빼돌려진 은은 대륙을 가로질러서 해적들이 거점으로 삼았던 부에노스아이레스라는 후미진 동네까지 흘러들어갔다.

우리 차례네요.

세계화

역사상 처음으로 세계 경제가 나타났다. 아메리카의 광물과 식량, 아시아의 비단, 향신료, 과일, 튤립, 아프리카의 상아, 금, 사람, 아랍의 커피, 유럽의 모직물, 기계, 총…
뭐든지 안 가는 데가 없었다. 이게 다 포르투갈과 스페인이 꿈을 이룬 덕분이었다.

싸구려 장난감 때문에 난 망했다!

인도에서 만났지요!

우리가 지구를 만들 때 바다를 좀더 크게 만들었어야 하는데!

아메리카도 향신료를 수출했다. 바로 고추였다.

우아! 되, 되, 되게, 매운 게

사람 죽이네요.

그렇지만 세계화는 아직 멀었다고 볼 수도 있었다. 고추 말고는 인도는 처음에 세계화의 영향을 거의 안 받았다.

시크와 무굴

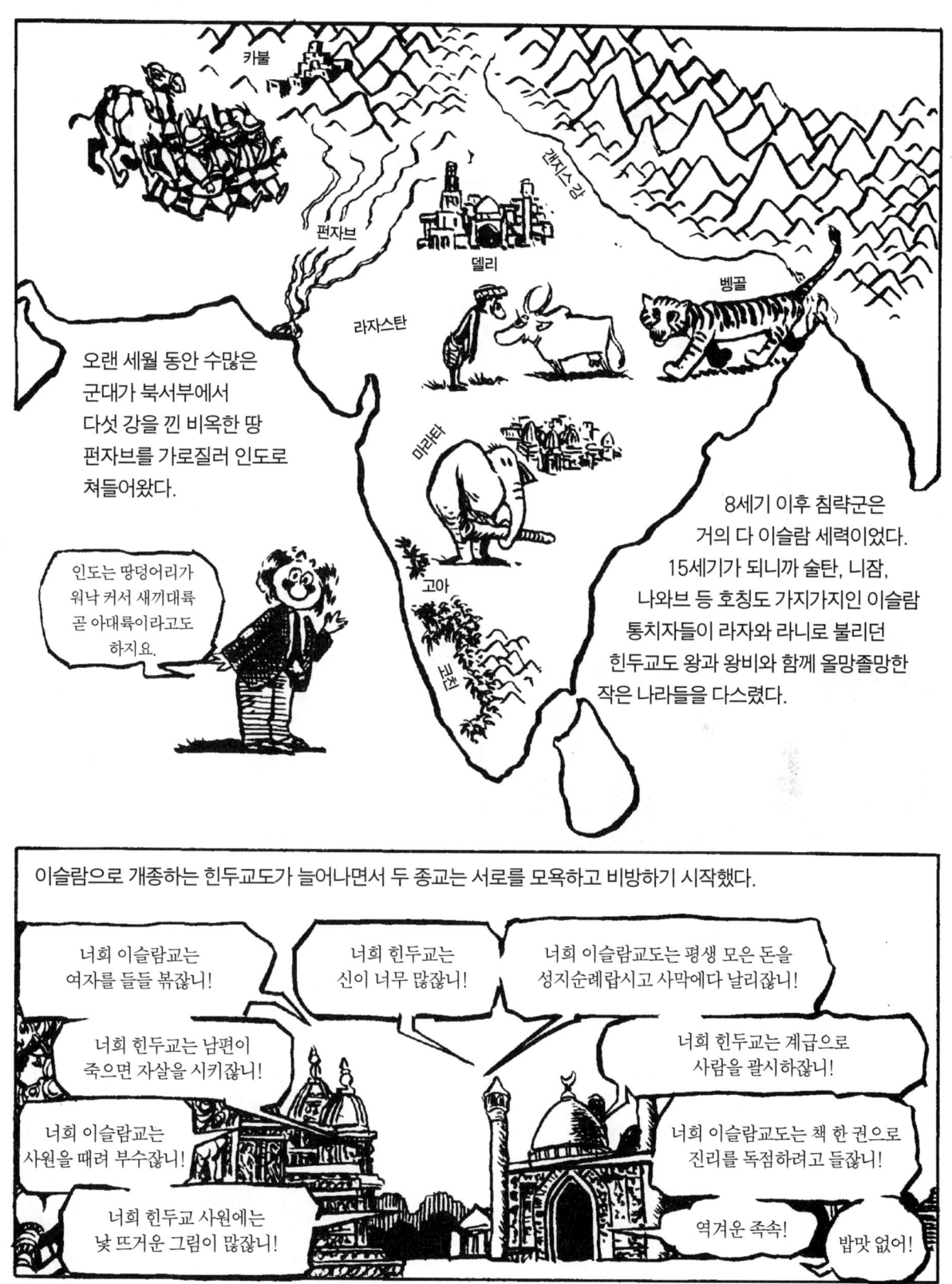

이렇게 말이 통하는 사람들도 있었다!

이 두 사람은 이슬람교도가 많은 펀자브에서 관리로 일하던 힌두교도 나나크와 그의 절친한 벗으로 이름난 악사였던 이슬람교도 마르다나였다.

나나크는 명상에 들어갔다.
1499년 나이 서른에 깨달음을 얻고 한 첫마디.

명성이 커지면서 나나크의 활동 무대도 넓어졌다.
그는 인도 전역을 걸어 다녔고 스리랑카까지 건너갔다.
나중에는 이슬람 학자인 척하고 메카까지 다녀왔다.

메카의 여관에서 야간 경비원이 발바닥을 성전이 있는 쪽으로 두고 잔다고 구루한테 호통을 쳤다. 나나크는 맞받아쳤다.

그럼 내 부탁 하나 함세. 신이 안 계신 쪽으로 나를 좀 돌려주게나.

어디서나(메카는 빼놓고) 나나크는 의식, 성직, 우상 숭배, 억압을 내세우는 종교를 공격했다. 그를 추종하는 시크교도는 지금도 이런 원칙을 따른다.

우린 깨인 사람들이거든요!

시크교도의 수가 제자리걸음인 까닭은 신을 '에크'라고 부르는 데 있는지도 모른다.

에크라고? 에크를 섬기라고?

이샤라든가 벨라라든가 좀 예쁜 이름으로 바꾸면 안 돼요?

에크는 펀자브어로 '하나'란 뜻이오만.

아무리 그래도…

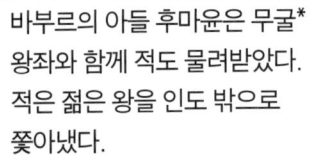

아크바르는 인도 문화를 모두 끌어안으면서 힌두 양식과 이슬람 양식을 하나로 녹였는데 그것은 아크바르가 죽은 다음에도 이어졌다. 1630년대에 아크바르의 손자인 샤 자한이 사랑하던 아내 뭄타즈 마할의 묘로 만든 눈처럼 하얀 돌로 된 타지마할은 무굴 건축이 이룩한 금자탑이었다.

색깔을 좀 집어넣으면 어디 덧나우?

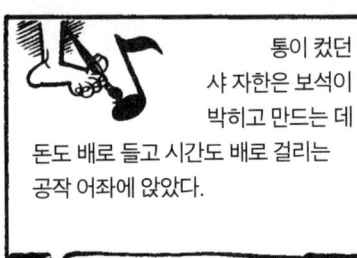

통이 컸던 샤 자한은 보석이 박히고 만드는 데 돈도 배로 들고 시간도 배로 걸리는 공작 어좌에 앉았다.

폼 나는 자리에 앉아야 하지 않겠수.

한 세기가 지난 1700년대에 페르시아 침략군은 어좌를 약탈하여 이란으로 가져갔다.

1970년대에 이란 국왕은 공작 어좌를 새로 만들어 집안 내력을 자랑했다.

짐은 대도둑의 후손이다! 화끈하네!

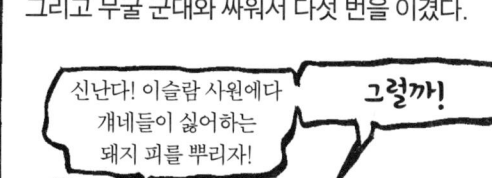

1658년 샤 자한이 죽었다. 근엄하고 신심이 깊고 고집이 셌으며 털보 아저씨처럼 생긴 후계자 아우랑제브는 왕국 안의 힌두교도에게 최후통첩을 내렸다.

쓸어버려!

인도 중서부에서는 시크교도 람 다스가 마라타족을 부추겼다. 마라타족은 그 뒤로 40년 동안 무굴 제국을 상대로 게릴라전을 벌였다.

맹추들아! 힌두교도를 때려잡으라는 게 아니잖아!

시크교도를 쓸어버리랬잖아!

한편 무굴 제국의 손길이 닿지 않는 남부 인도의 마두라이에서는 힌두교도들이 통로 역할을 하는 커다란 탑들이 있고 등신대의 석상이 색색깔로 칠해진, 타지마할과는 백팔십도 다른 너무나 어지러운 사원을 세우고 있었다.

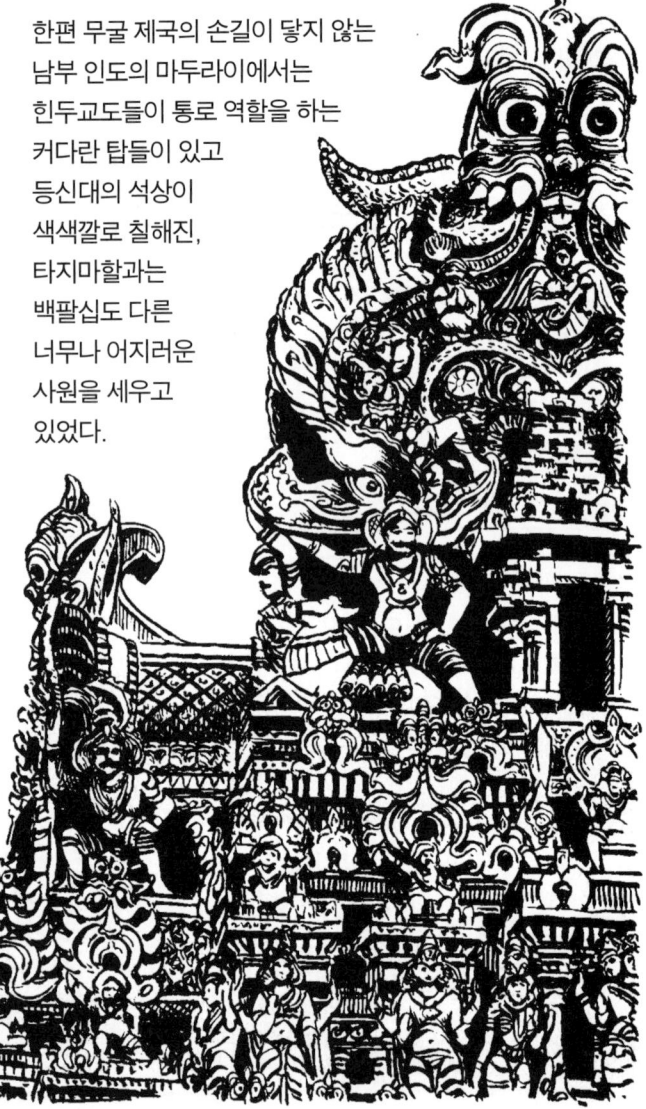

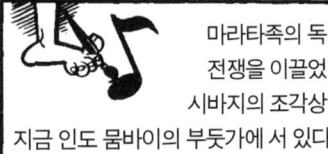

마라타족의 독립 전쟁을 이끌었던 시바지의 조각상이 지금 인도 뭄바이의 부둣가에 서 있다.

마라타 민족주의는 지금도 뭄바이에서 울려 퍼진다. 시브 세나라는 극우 정당은 뭄바이 경제를 장악한 구자라트족과 남부 인도인을 때로는 물리적으로 공격한다.

그런데 시브 세나 운동을 처음 시작한 발 타케라이는 원래는 만평가였다.

자네, 혹시 소재가 바닥나니까 운동권으로 나선 거 아닌가?

자꾸 만화 주인공처럼 살고 싶어지더라구요!

자화상

테그 바하두르의 아들 고빈드 싱은 이제 10대 지도자가 되어 저항을 이끌면서 펀자브에서 무굴의 패권을 깨뜨렸다.

그러면서 지금까지 내려오는 몇 가지 원칙을 만들었다.

- 앞으로는 사람을 지도자로 받들지 않는다. 시크교 경전 그란트가 지도자 역할을 한다.
- 모든 시크교도가 지도자가 되어야 한다.
- 시크교도 남자는 신앙을 나타내는 ㅋ으로 시작되는 다섯 가지를 항상 지녀야 한다.

"아버지는 너무 만만해 보였던 거야!"

케쉬 = 자르지 않는 머리
캉가 = 나무나 상아로 만든 빗
카라 = 쇠로 만든 팔찌
쿠차 = 반바지
키르판 = 단검

시크교도한테서 힘을 얻은 마라타족은 독립을 쟁취했고 무굴 제국은 무너지기 시작했다.

"휴…"

동부 해안에서 인도는 또 다른 불청객과 맞닥뜨렸다. 영국이었다.

"영국이라? 어디 있다가 갑자기 나타난 거야?"

"미안하오! 내가 잠깐 조는 사이에 자기가 먼저 튀어나왔구려."

무굴 제국은 결국 그 화려한 칭호만 남은 채 델리 주변의 보잘것없는 소국으로 줄어들었다. 다른 종교를 박해하다가 자기가 무너지고 말았다.

"그러니까 남의 가슴에 못을 박으면 안 돼요. 사람들이 참 어리석지."

"언니, 우린 고추나 먹자!"

다음은 더 지독한 종교 탄압!

어디서 돈을 구할까? 먼저 십일조라는 것이 있다. 이것은 신자들이 번 돈의 10분의 1을 교회에 바치는 헌금이다.

하지만 그것만으로는 모자란다.

"아무리 받아봐야 내 무릎에도 못 미치잖아."

그래서 1492년 교황 인노켄티우스 8세는 은전을 거래하기 시작했다.

원리는 이렇다. 교회에는 보통 수입원이 딸려 있다. 수입원은 토지, 임대 수입, 치즈를 팔아 번 돈 등을 말한다.

"종교도 엄연히 사업이거든요!"

그래서 수입원이 딸린 물건이 나오면 교황은 가장 높은 가격을 제시하는 사람에게 그것을 판다. 이것이 은전 매매다.

"자아아, 천이요 천, 천입니다 천, 좋고, 이백 더 가서 천이백이요 천이백, 좋고, 다시 이백이 붙어서 천사백이요 천사백, 좋고, 다시…"

대개는 자식에게 재산을 물려주는 수단으로 귀족이 사들였다. 맏아들에게는 집안의 영지를 주었고, 나머지 아들들에게는 이런 교회 재산을 물려준 것이다.

"요 다음에 커서 돈 많이 벌어라!"

교황은 또 이름뿐인 성직도 팔았다. 이런 한직을 받으면 의무는 하나도 없었고 수입만 챙기면 됐다!

"우씨! 이건 단추잖아!"

1492년 알렉산데르 보르자 교황의 머릿속에 들어 있던 유럽의 가톨릭 교세는 이랬을 것이다.

잉글랜드: 내전이 너무 잦고 좀 낙후되었지만 이단자가 가끔 나타나서 탈이지 그런 대로 괜찮은 가톨릭 국가.

아일랜드: 잉글랜드가 툭하면 쳐들어간 가난한 나라. 그렇지만 믿을 만한 돈줄.

프랑스: 강력한 왕에 의해서 얼마 전에 통일된 강국. 이웃한 스페인, 이탈리아하고 티격태격하는 사이. 그런 대로 말은 잘 듣지만 정치적으로는 문제가 될 가능성이 있음.

스페인: 보르자의 모국. 페르디난도 왕과 이사벨라 여왕이 얼마 전에 무어인을 타도하고 유대인을 내쫓았음. 모범생!

포르투갈: 거칠고 도전심이 강함. 북아프리카의 회교도와 한판 붙기도 함. 아프리카 무역으로 떼돈을 벌었음. 마음에 드는 나라!

플랑드르와 네덜란드: 플랑드르는 알부자. 네덜란드는 그다음 가는 알부자. 플랑드르의 멋진 그림. 오스트리아가 지배.

이탈리아: 다섯 나라로 쪼개졌음(나폴리, 교황국, 피렌체, 밀라노, 베네치아). 여기서 돈을 많이 거둬야 하는데 생각대로 잘 안 되네.

쟁점: 나폴리와 이탈리아 서남부는 스페인이 차지하고 있었다. 전임 교황은 개인적 이유로 프랑스에게 나폴리를 치라고 부추겼다. 그것을 구실로 1494년 프랑스 군대는 이탈리아의 북쪽으로 몰려갔다.

하지만 신임 교황 알렉산데르 6세는 스페인 사람답게 프랑스 군대는 이탈리아를 넘보지 말라고 명령했다.

"와, 겁나게 무섭네!"

프랑스군은 말을 듣는 척하다가 나흘 뒤 국경을 넘었다.

밀라노를 거쳐 피렌체까지 파죽지세로 내려갔다. 피렌체에서는 사보나롤라♪라는 무서운 신부가 말세론으로 사람들을 휘어잡고 있었다.

밀라노 / 피렌체 / 로마 / 나폴리

피렌체는 조심스럽게 프랑스군을 환영하고 재워주고 큰 요새도 두 개나 내주고 무사히 길을 열어주어 교황의 심기를 불편하게 만들었다.

자기의 공신력을 높이기 위해 사보나롤라는, 자기는 불 속을 걸어도 멀쩡하다고 큰소리쳤다. 그의 적들이 거짓말이라고 하니까 사보나롤라는 진짜라고 우겼다. 결국 불 속을 걷는 시범을 보이기로 합의했다.

"하느님, 전 어쩌면 좋나요?"

장작이 쌓이고 온 피렌체 사람들이 구경하러 모였다. 사보나롤라는 자기가 아니라 조수가 시범을 보일 거라면서 슬쩍 빠졌다.

"그 친구도 불에 강하거든요!"

자세한 조건을 놓고 입씨름이 벌어졌다. 성서를 들고 불 속에 들어가도 되느냐 마느냐, 기타 등등. 양쪽은 하루 종일 줄다리기를 했고 지친 사람들은 집으로 돌아갔다. 장작은 그대로 남았다.

"봤지? 멀쩡하잖아!" "다시 속나 봐라!"

20년 동안 침략과 동맹과 배신과 혁명과 득실 관계를 현장에서 지켜보았던 마키아벨리는 근대인으로서는 처음으로 권력론을 펼쳤는데 그게 바로 『군주론』입니다.

저도 아직 다는 못 읽었어요!

근대의 정치 사상과 정치 현실에서 일어난 굵직굵직한 변화는 나중에 다룰 생각이니까 여기서는 이 피렌체 출신의 정치인이 무슨 말을 했는지만 알아봅니다!

마키아벨리는 권력은 결국 국민한테서 나오는 것이라고 믿었지만(그런 주제로 책도 썼지요) 『군주론』은 어디까지나 절대군주를 위한 지침서입니다.

먼저 군주는 인간의 본성을 이해하고 거기에 맞추어 행동해야 한다고 마키아벨리는 말한다!

"인간은 배은망덕하고 수다스럽고 부정직하고 위험 앞에서는 몸을 사리고 탐욕스럽다."

"인간은 물려받은 재산을 날린 것은 못 잊어도 아버지의 죽음은 쉽게 잊는다."

"사람은 못됐다."

"신중한 통치자라면 손해 볼 것 같은 약속은 지키지 말아야 한다."

"국가를 접수할 때 군주는 모든 잔인한 짓을 한 번에 몰아서 저질러야 한다."

"어르지 않을 인간은 없애버려야 한다."

이 양반은 원칙이나 도덕, 종교에 대해서는 별로 할 말이 없었다.

"자비롭고 성실하고 인간적이고 진지하고 종교적인 사람으로 보이는 것, 또 실제로 그런 것은 좋은 일이지만, 필요하다면 정반대로 돌아설 줄도 알아야 한다는 것을 잊어서는 안 된다."

그러니 후세 사람들이 마키아벨리한테서 조금 충격을 받았을 수밖에.

그래도 전 선생님을 이해합니다. 너무 많이 당하셨잖아요.

내 말이 틀립니까?

마키아벨리가 한 말 중에서 가장 유명한 것은 군주는 사랑을 받기보다는
두려움을 불러일으키는 것이 더 중요하다는 발언이 아닐까 싶다.

종교적인 척 허풍을 떨면서 두려움과 욕심을 이용해먹는 부정직한 정부? 마키아벨리를 제대로 읽어본 사람이
과연 몇이나 될까? 마키아벨리는 이런 말도 한 사람이라는 사실을 잊지 말자.

1516년 스페인의 페르디난도 왕이 죽었다. 그런데 후계자는 엉뚱하게도 네덜란드에서 나왔다.

페르디난도는 정확하게는 스페인의 절반인 아라곤 왕국의 왕이었다. 죽은 이사벨라 여왕은 스페인의 나머지 절반인 카스티야 왕국의 여왕이었다. 이사벨라는 정신이 오락가락하던 딸 후아나에게 카스티야를 물려주었다.

오스트리아의 왕족과 결혼을 한 후아나는 네덜란드에서 살았다. 1507년 이후 그녀는 자기 방에만 틀어박혀 있었다.

하지만 후아나의 아이들은 멀쩡했다. 그리고 스페인의 두 왕위는 열일곱의 아들 카를에게 돌아갔다.

1517년 스페인은 페르디난도와 이사벨라의 네덜란드 말을 하는 손자를 아라곤과 카스티야의 왕 카를로스 5세로 맞아들였다.

2년 뒤에는 무슨 운명의 장난인지 신성로마황제(로마하고는 전혀 상관이 없는 오스트리아 왕이었는데 형식적으로는 고만고만한 작은 독일 제후국들 위에 군림했다)까지 죽는 바람에 아버지가 오스트리아인이었던 카를로스도 후보에 올랐다.

투표권을 가진 것은 8인의 '선제후'였다. 1519년 그들은 스페인의 카를로스와 프랑스의 '주먹코' 프랑수아 국왕을 후보자로 뽑았다.

카를로스는 네덜란드 쪽 연줄을 이용하여 푸거라는 독일 은행가한테 거액을 빌려 뇌물로 썼다.

그래서 1519년 이 십대 소년은 독일, 오스트리아, 보헤미아, 플랑드르, 네덜란드, 스페인, 그리고 스페인령 아메리카를 다스리게 되었다!

이 특이한 자금조달법을 이해하려면 먼저 연옥이라는 걸 알아야 한다.

연옥은 쉽게 말해서 천당으로 올라가는 대기실인데 천당으로 갈 만큼 착하지도 않고 지옥으로 떨어져서 끔찍한 불구덩이에서 영원토록 고통을 겪어야 할 만큼 못되지도 않은 영혼들이 머무는 중간역 같은 곳이었다.

죽으면 영혼들은 천당 문이 열릴 때까지 연옥에 앉아서 기다려야 했다.

그런데 이 연옥을 이용해서 돈을 모으는 획기적 방법을 개발한 것이다!

사랑하는 사람이 죽어서 연옥으로 갔다고 (짐작된다고) 하자. 내가 교회에 돈을 바치면 하느님이 어여삐 여겨서 내가 사랑하는 사람을 바로 천당으로 데려가신다는 것이었다.

그런 천국 입장권을 크게 용서해준다고 해서 대사라고 했고, 그걸 손에 넣으려면 이승에서 돈을 내야 했다!

마르틴 루터

1517년 텟첼이라는 신부가 면죄부를 팔기 시작했을 때 독일은 변화의 소용돌이를 겪고 있었다. 은행가, 상인, 선주 같은 사업가는 점점 부자가 되었다. 나도는 돈이 늘어나니까 덩달아 물가도 올라갔다.

제후, 귀족, 기사처럼 돈 나오는 데가 토지밖에 없었던 봉건 계급은 뒤처졌다. 이 '가난한' 영혼들은 현상 유지를 하기 위해서 '만만한' 농민을 더욱 쥐어짜는 수밖에 없었다.

한편 독일 농민들은 분트슈[농부가 신는 가죽신]라는 비밀 결사를 유지하면서 농민의 자유와 적의 타도를 위해 노력하고 있었다. 성직자도 농민에게는 적이었다. 1517년도 농민이 들고 일어난 해였다.

다른 세력들도 교회에 호의적이지 않았다. 한 군주는 가지도 않은 십자군 원정을 간다면서 걷어간 돈을 돌려받기 전까지는 동전 한 푼도 못 내놓는다고 호통을 쳤다.

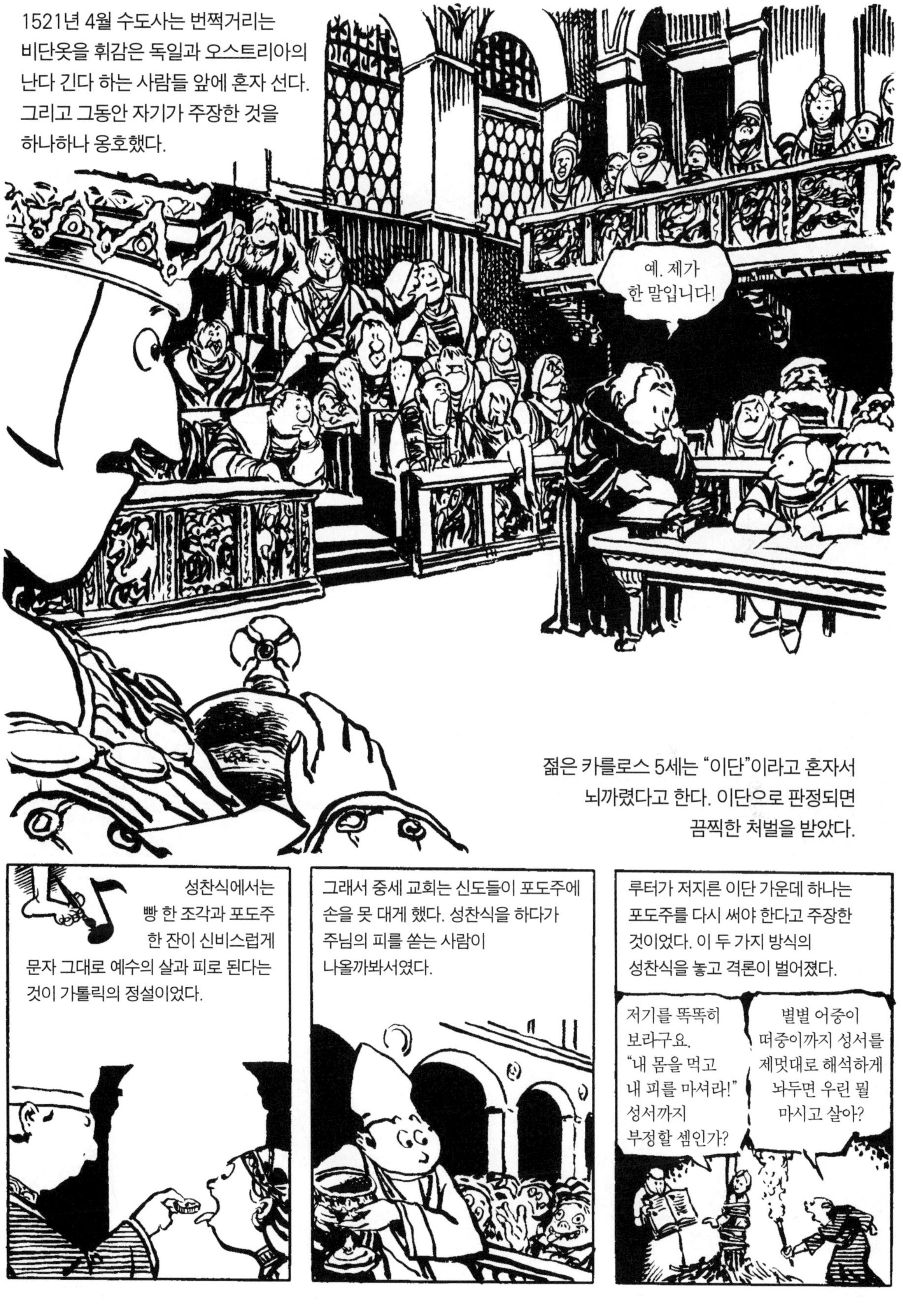

1521년 4월 수도사는 번쩍거리는 비단옷을 휘감은 독일과 오스트리아의 난다 긴다 하는 사람들 앞에 혼자 선다. 그리고 그동안 자기가 주장한 것을 하나하나 옹호했다.

"예, 제가 한 말입니다!"

젊은 카를로스 5세는 "이단"이라고 혼자서 뇌까렸다고 한다. 이단으로 판정되면 끔찍한 처벌을 받았다.

성찬식에서는 빵 한 조각과 포도주 한 잔이 신비스럽게 문자 그대로 예수의 살과 피로 된다는 것이 가톨릭의 정설이었다.

그래서 중세 교회는 신도들이 포도주에 손을 못 대게 했다. 성찬식을 하다가 주님의 피를 쏟는 사람이 나올까봐서였다.

루터가 저지른 이단 가운데 하나는 포도주를 다시 써야 한다고 주장한 것이었다. 이 두 가지 방식의 성찬식을 놓고 격론이 벌어졌다.

"저기를 똑똑히 보라구요. '내 몸을 먹고 내 피를 마셔라!' 성서까지 부정할 셈인가?"

"별별 어중이 떠중이까지 성서를 제멋대로 해석하게 놔두면 우린 뭘 마시고 살아?"

하지만 황제는 루터를 얌전히 보내주었다. 루터는 귀로에 올랐다.

그런데 도중에 친구들이 납치하는 척하면서 루터를 비밀 은신처로 데리고 갔다.

거기서 열 달을 지내면서 루터는 교황과 교회를 공격하는 글을 실컷 썼다.

신을 모독하는 개똥들은 천벌을 받아라!

카를로스 5세는 독일에 남아서 루터를 붙잡을 수도 있었겠지만 스페인에서 반란이 일어나는 바람에 허겁지겁 독일을 떠나야 했다.

아무래도 감투를 너무 많이 쓴 거 같아.

출판업이 첫발을 내딛은 것은 바로 이런 일이 벌어질 때였다. 대부분은 교회를 공격하고 루터를 옹호하는 인쇄물이 역사상 처음으로 유럽을 뒤덮었다.

농민 반란

그동안 독일은 난리였다. 루터의 설교는 루터보다 더 과격한 사람들을 흔들어놓은 듯했다.

> 말로는 그리스도인을 자처하면서 여러분을 등치고 비웃고 독실한 신앙인을 괴롭히는 게 어디 교황뿐입니까?

사람들이 그런 말을 그대로 받아들이면서 상황은 심각해졌다.

> 만날 빼앗아가기만 하고 우리한테는 국물 한 방울 돌아오는 게 없는데 형제애는 무슨 얼어 죽을 형제애!!

> 맞아!

결국 1524년 남부 독일의 농민들은 무기를 들고 일어나 주인들의 땅을 차지해서 모든 사람을 깜짝 놀라게 했다.

독일 방방곡곡에서 사람들은 회의를 하고 불만을 늘어놓고 요구사항을 나열하고 원칙을 밝혔다.

하나같이 일리가 있는 요구라서 루터는 제후들에게 이 문제를 진지하게 받아들이라고 압박했다.

반란은 수그러질 줄 몰랐다. 농민들은 땅을 내놓으려고 하지 않았다. 초기 기독교도를 본떠서 땅을 공유하면서 공동체로 살아가는 곳도 나타났다.

몇 달도 안 가서 루터는 마음이 달라졌다.

프랑수아 국왕을 생포하여 한숨 돌린 카를로스는 농민 반란을 진압하러 군대를 보냈다.

학살에 가까운 '전투'에서 수많은 농민이 황제 군대에게 떼죽음을 당했다.

붙들린 농민군 지도자는 유럽 귀족이 머리를 짜내서 만든 기상천외한 도구로 온갖 고문을 받았다.

감옥에서는 평화를 다짐했지만 밖으로 나오기 무섭게 프랑수아는 교황한테 달려가서 너무 힘이 커진 카를로스를 공격하자고 부추겼다.

메디치 집안사람으로 지극히 타산적이었던 교황 클레멘스 7세는 프랑스, 베네치아, 밀라노와 반카를로스 동맹을 흔쾌히 맺었다.

임자, 기다리구려.
나도 이 코만큼 큰 권력을
누릴 날이 올 테니까.

가서 주먹코 대왕께 전하게나.
육군 병력과
베네치아 해군력으로
그 광녀의 아들한테
본때를 보여주겠다고.

클레멘스의 아버지는 1478년 부활절 일요일에 살해당한 줄리아노 데 메디치였다(3권 참조).

결국 1527년 카를로스의 군대가 이탈리아로 쳐들어왔다.

싸울 데가 여기밖에
더 있겠습니까?

신성로마제국 군대가 이탈리아에서 시범을 보인 대로 루터 편의 독일 제후들은 주변에 있던 교회 재산을 너도나도 '사유화'했다.

교회에서 빼앗은 재산으로 루터파 제후들은 이제 스스로 군사력을 키워서 필요하다면 가톨릭 세력과 붙을 기세였다.

겁 안 난다구!

그런데 바로 그때 튀르키예가 다시 공세로 나왔다.
헝가리에서 도나우 강을 따라 오스트리아로 쳐들어온 것이다.

빈
이스탄불

1529년 술레이만의 군대는 처음으로 빈을 포위했다.

루터파는 고민에 빠졌다. 독일에서 교황과 제후들은 가톨릭과 루터파가 서로를 건드리지 않기로 합의하고 서명을 했다.

이제 좀 도와주구랴!

딱 한 번이오!

루터파 군대는 빈으로 진격해서 신성로마제국 군대를 도왔고 튀르키예는 헝가리로 다시 쫓겨났다.

누가 적군이고 누가 아군인지 헷갈려서 못 싸우겠네!

츠빙글리

잉글랜드식 이혼

독일과 스위스에서도 교황에 반대하는 사람들이 점점 늘어났지만 교황과 처음으로 완전히 갈라선 나라는 잉글랜드였다. 이유는 순전히 정치적인 데 있었다.

우린 언제나 좀 삐딱했어요.

1400년대 후반 잉글랜드의 귀족들은 왕위를 놓고 30년 동안 '장미 전쟁'을 벌였다. 양쪽 군대의 깃발에 장미가 그려졌다고 해서 붙인 이름이었다.

싸우는 거 처음 봐?

1485년 별 볼일 없는 대위였던 헨리 튜더가 헨리 7세로 왕위에 올랐다. 그는 왕권을 다지기 위해 발 빠르게 움직였다.

잘 지내자구요!

헨리의 장남이며 후계자인 아서는 스페인 공주였던 아라곤의 캐서린과 결혼했다. 캐서린은 페르디난도와 이사벨라의 딸이었다.

프랑스보다는 스페인이 왠지 좋더라!

그렇게 잉글랜드는 스페인과 잘 지내고 싶어했다.

그래야 그 많은 적을 쓰러뜨릴 때 도움을 얻을 수 있거든! 어흠, 알겠느냐, 아들아?

아버지다운 발상이네요!

그런데 이런! 때는 1527년, 신성로마제국 군대는 로마를 약탈하고 교황은 포로 신세였다. 그리고 신성로마황제 카를로스 5세는 아라곤 캐서린의 조카였다!

이혼을 허락했다간 알쥐?

아, 알았다니까…

그래서 교황은 헨리 8세의 청을 들어줄 수가 없는 형편이었다.

음, "노"도 아니고 그렇다고 해서 "예스"도 아니라고. 적당히 얼버무려.

그러자 헨리는 잉글랜드 몫의 십일조를 내지 않았고 로마에는 단 한 푼도 안 보냈고 말을 안 듣는 사제는 으르고 쫓아내고 감옥에 집어넣었다. 한마디로 로마 가톨릭교회와 완전히 갈라섰다!

사내대장부가 아들을 갖고 싶은데 무슨 짓인들 못 하겠소이까!

왕한테 설설 기는 잉글랜드 법원은 캐서린과의 결혼은 무효라고 통보했다.

실례! 지금은 나라일을 보느라 바빠서…

헨리는 바로 앤 볼린과 결혼했다. 그리고 6개월 뒤에 딸이 태어났다. 엘리자베스였다.

교황은 그 아이는 서자라고 재빨리 선언했다.

로마와 갈라선 다음 헨리는 교회에서 돈을 짜내는 방법을 궁리했다. 1538년 헨리는 잉글랜드의 모든 수도원을 닫고 수도사들을 압박하기 위해 처음으로 남색법을 통과시켰다.

헨리는 아들 욕심을 버리지 않았다. 엘리자베스의 생모 앤도 바람난 여자라며 걷어차고 단두대로 보냈다.

이렇게 마구잡이로 휘두르는 도끼에 대드는 사람은 몸이 성치 못했다. 대표적인 예가 캔터베리 대주교였던 토머스 모어였다.

왕은 네 아내를 더 얻었다. 아들도 하나 생겼지만 헨리 8세는 1547년에 죽었고 아들도 곧 죽었다. 이때부터 여러 해 동안 왕위 계승을 둘러싸고 유럽 정계는 소용돌이에 휘말렸다.

토머스 모어는 『유토피아』라는 책의 저자로 기억된다. 『유토피아』는 상상의 낙원을 그려서 사회 현실을 비꼰 책이었다.

모어의 『유토피아』에서는 재산은 모두 공동으로 소유하고 지도자는 투표로 뽑고 돈은 안 쓰이고 교육은 무료고 실용적이며 신앙의 자유가 있고 신랑 신부는 결혼하기 전에 벌거벗고 서로를 관찰한다.

현대판 유토피아가 있다면 혹시 이런 것은 아닐까.

다시 빈으로

교회는 그런 엉망진창을 본 적이 없었다! 1530년대가 되면 잉글랜드는 전부, 독일은 부분 부분, 스위스는 일부가 로마에서 떨어져나갔다. '개혁'을 부르짖는 신교 모임이 우후죽순처럼 사방에 생겨났다. 그렇지만 믿는 내용은 모두가 달랐다. 재침례파 같은 신교 종파는 드넓은 영지를 공동 농장으로 바꾸기까지 했다.

전부터 교회는 비뚤어진 생각을 깔아뭉갰다. 전에도 그랬는데 지금은 왜 그게 안 될까? 무엇이 문제일까? 교회는 심각한 고민에 빠졌다.

교회의 내분을 잠시 가라앉혀준 것은 튀르키예였다.

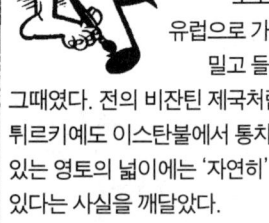

루터파와 가톨릭 진영은 다시 손을 잡고 (전염병과 굶주림으로 전의를 상실한) 튀르키예 군대를 오스트리아 밖으로 몰아냈다.

팔자는 타고나는 것!

1530년의 파리는 유럽 학문의 중심지였다. 학생과 지식인은 종교개혁을 놓고 논쟁을 벌였고 성직자를 바라보는 시선은 맹목적 존경에서 노골적 경멸에 이르기까지 천태만상이었다.♪

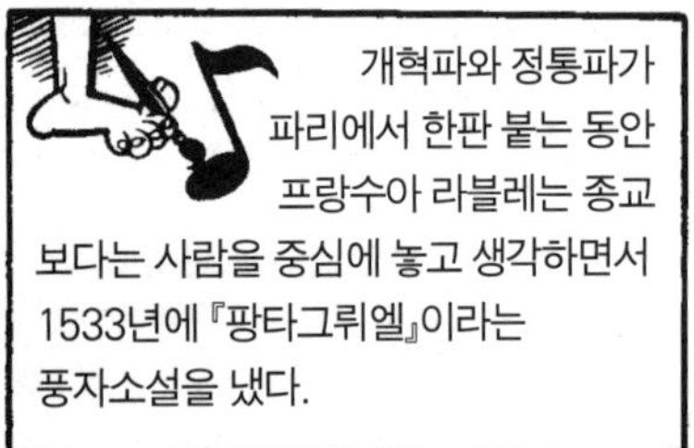

　개혁파와 정통파가 파리에서 한판 붙는 동안 프랑수아 라블레는 종교보다는 사람을 중심에 놓고 생각하면서 1533년에 『팡타그뤼엘』이라는 풍자소설을 냈다.

"팡타그뤼엘은 어찌나 덩치가 크던지 어머니의 숨을 넘어가게 하고서야 이 세상으로 나올 수 있었다…"

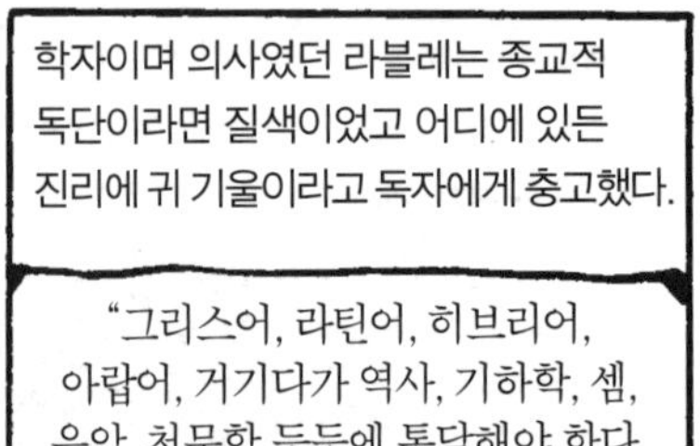

학자이며 의사였던 라블레는 종교적 독단이라면 질색이었고 어디에 있든 진리에 귀 기울이라고 독자에게 충고했다.

"그리스어, 라틴어, 히브리어, 아랍어, 거기다가 역사, 기하학, 셈, 음악, 천문학 등등에 통달해야 한다. 그런데 점성술은 사기니까 그건 빼놓고."

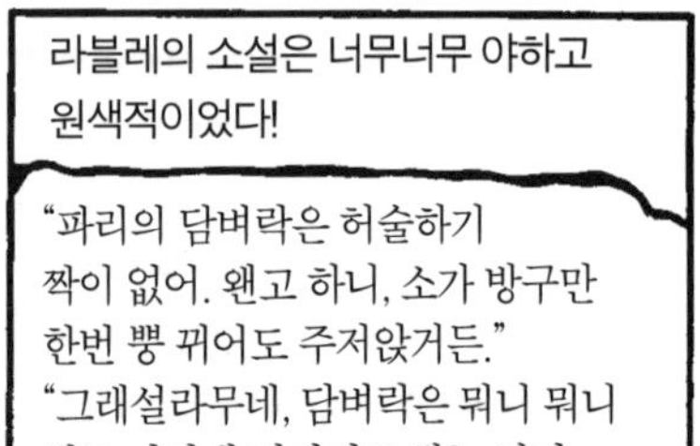

라블레의 소설은 너무너무 야하고 원색적이었!

"파리의 담벼락은 허술하기 짝이 없어. 왠고 하니, 소가 방구만 한번 뿡 뀌어도 주저앉거든."
"그래설라무네, 담벼락은 뭐니 뭐니 해도 아낙네 거시기로 쌓는 것이 그만이라, 돌도 사려면 이 나라에서는 다 돈이거든."

그 양반, 은근히 박력 있네, 거…

개혁 성향을 가진 파리의 신학생 중에는 법학을 공부하다가 전공을 바꾼 장 코뱅이라는 꼬장꼬장한 학구파가 있었다.

지금은 '장 칼뱅'으로 알려졌다.

1533년 학교를 졸업하면서 칼뱅은 학생 대표로 연설을 한다.

졸업생 여러분, 우리 중에는 반드시 지옥으로 갈 사람이 있습니다. 별짓을 다해도 그런 운명에서 벗어날 수는 없답니다!

이런 발언으로 사람들의 노여움을 샀기 때문에 칼뱅은 한밤중에 줄행랑을 놓아야 했다.

칼뱅은 3년 동안 자기 생각을 글로 가다듬었다.

이왕 버린 목숨, 갈 데까지 가보는 거지요.

칼뱅이 쓴 『그리스도교 강요』는 1536년에 나오자마자 날개 돋친 듯이 팔려나갔다. 이 책은 한참 동안 베스트셀러 목록에 올랐다.

옷이 날개가 아니라 책이 날개로세!

"사람은 신의 모습을 깊이 생각해본 다음에야 비로소 자신의 참모습을 알 수 있다."

"폭력과 불의는 일체 허락되어서는 안 된다."

"그리스도인으로 살아간다는 것은 결국 나를 부정한다는 것이다."

"성자에게 기도를 올리는 것은 잘못이다."

"어떤 사람은 저절로 구원을 받지만 어떤 사람은 결코 구원을 받지 못한다."

방금 뭐라고 했어?

칼뱅은 성찬식의 빵과 포도주, 연옥, 성자숭배, 허울 좋은 자유 같은 문제에서 대체로 개혁파와 같은 입장이었지만, 예정설이라는 좀 무섭지만 독창적인 학설도 내놓았다.

천당이든 지옥이든 모든 영혼의 운명은 태초에 신이 모두 정해놓았다는 것이 칼뱅의 생각이었다. 무슨 일을 해도 사람의 운명은 달라지지 않는다.

반면에 로마 가톨릭교회에서는 선이나 악을 선택할 수 있는 존재로 신이 인간을 만들었다고 믿었다.

나 원망하지 말고 알아서 잘해!

다시 말해서 우리가 죄를 짓느냐 안 짓느냐는 어디까지나 우리한테 달렸고 보상과 벌이 천국행과 지옥행이라는 것이었다.

소매치기 좀 했다고 해서 영원한 불구덩이에 처넣는 건 좀 심하지 않나요?

소매치기를 해서가 아니라 신의 무한한 사랑 대신 죄를 선택했기 때문에 벌을 받는 거라우.

지옥이라도 영원히 사니까 난 좋기만 하네, 뭘.

칼뱅은 말도 안 된다고 보았다. 신이 정말로 전지전능하다면 영혼이 어디로 갈지 미리 다 알고 있어야 한다.

신은 그렇게 호락호락한 분이 아니라구요!

우리의 운명은 창조의 순간에 결정되었다. 자유의지는 착각이다.

가만, 그렇다면 내가 그대들한테 자유의지를 주기로 선택할 수도 없단 소리네.

정말 모르시는 게 없네요!

칼뱅은 칼 같은 논리로 자기주장을 밀어붙였다.

신은 인간을 구원받을 사람과 저주받을 사람으로 나누었지만 구원받을 사람은 얼마 안 될 것이라고 칼뱅은 굳게 믿었다.

그 몇 안 되는 축복받은 사람이 누구인지는 분별력과 검소함과 (당연히) 칼뱅의 교리에 대한 믿음으로 가려낼 수 있었다!

나머지 사람은 지옥의 불길에서 영원히 못 벗어난다.

단언할 수는 없었지만 칼뱅은 자기는 천당으로 갈 거라고 굳게 믿었다.

칼뱅의 예배에 모인 사람은 착실한 소매상, 경건한 전염병 박멸업자, 진지한 야채상, 뚱한 포목상, 감동에 목마른 투자은행가, 피 끓는 무기제조업자였다. 자기네 같은 선민은 구원을 받을 것이라고 그들은 믿어 의심치 않았다!

그들은 열심히 일했고 절약했다. 가난한 사람들에게는

"영혼이 가엾어서 자주 기도를 하지요."

주네브 교회는 가톨릭교회만큼이나 이단자를 용납하지 않았다.

"칼뱅은 골치 아픈 이단자는 저렇게 처리했지요."

"저 사람 좀 수상한데…"

겉을 꾸미는 데 돈을 쓰니 칼뱅파는 칼뱅의 교리를 널리 알릴 목사를 양성할 목적으로 학교에 투자했다.

"덕을 미리 내다보아서 운명을 예정하는 것이 아니다. 예정하는 행위의 차원도 사실은 아니지만 우리 입장에서는 그렇게 받아들일 수도…"

"아하!"
"아하!"

칼뱅의 가르침은 지하 교회망을 통해 프랑스, 독일, 네덜란드, 잉글랜드, 스코틀랜드로 점점 퍼져 나갔다.

"어디로 가나?"
"하느님이 아시겠지."

강훈련

1540년 무렵이면 예수회는 회원도 수백 명으로 늘었고 돈도 많이 걷었고 (로욜라는 여전히 매력 만점이었다.) 교황의 뒷받침도 얻었다. 포교 방침은 약간 바뀌었다. 먼저 유럽의 교회를 지키고 나서 해외 전도에 나선다는 것이었다.

사람이 너무 고집만 부려도 못 써요!

딴 사람 같네!

예수회는 무료 학교를 열어서 학생들에게 수학, 논리학, 논쟁술을 가르쳤다. 그 바탕에는 신앙과 복종이라는 가톨릭의 철칙이 깔려 있었다.

신부님, 주체적으로 생각하면 안 되나요?

주체적으로 생각한다는 말 자체가 모순이야. 또 그런 거 물어보면 엉덩이 다섯 대 맞고 열흘 정학이다.

예수회 학교는 처음부터 격렬한 운동을 강조했다.

이 공이 마르틴 루터다!

로욜라는 또 30일 동안 집중적으로 기도, 명상, 감각 차단 훈련을 통해 깨달음을 얻는 영성 훈련 방식을 고안했다.

짧은 기간 예수회는 교회의 '반종교개혁' 운동을 주도했다. 호전적이고 헌신적이고 주도면밀하고 비타협적인 예수회는 신교 세력을 거칠게 밀어붙였다.

"살인하지 말지어다"는 낡아빠진 발상입니다.

정의로운 전쟁 정의롭지 못한 전쟁

그런데 1545년 트렌트 회의를 준비하느라 여념이 없을 때 이 저돌적인 가톨릭 성직자들은 튀르키예의 오토만 제국 덕분에 잠시 숨을 돌릴 수 있었다.

희소식!

오토만 제국은 예로부터 유럽 못지않게 아시아에도 신경을 써야만 했다. 1545년 튀르키예와 페르시아는 전쟁을 벌였다.

잠시 휴전!

서쪽의 위협을 잠재우기 위해 술레이만은 카를로스 5세에게 5년 동안의 휴전을 제안했고 카를로스도 그것을 받아들였다.

그동안 이단 세력을 쓸어버려야지!

튀르키예의 침공 위협에서 벗어난 늙은 황제는 직접 군대를 거느리고 루터파의 아성인 독일로 갔다. 신교 국가가 하나둘 가톨릭 군대 앞에 무릎을 꿇었다.

이때를 고비로 신교는 마침내 몰락의 길로 접어든 것일까?

프랑스는 잘나갔다. 1552년 프랑스 군대가 독일로 쳐들어와서 카를로스는 산길을 뚫으면서 간신히 달아났다.

나이 들어서 왜 이 고생이야…

오스트리아에서는 군대를 끌어모아 간신히 프랑스와 비길 수 있었지만 결국 달라진 것은 없었다.

돈만 들어가고 사람만 죽어나갔을 뿐.

1555년 루터파에게 유리한 아우크스부르크 평화 조약이 역사적으로 조인되었다. 이 조약으로 루터파 국가들은 가톨릭 예배를 금지시킬 수 있었지만 가톨릭 국가들은 루터식 예배를 허용해야 했다!

웃기다, 그죠?

프랑스와 교황 덕분에 신교도들의 교회는 살아남았다!

우린 하나도 안 웃기거든요.

루터는 이것을 하나도 못 보고 1546년에 죽었다.

이듬해 1556년 카를로스는 스페인 국왕 자리를, 나이가 서른이 넘었고 아버지보다 훨씬 스페인 사람 같았던 아들 펠리페 2세에게 물려주었다.

아비는 지쳤다.

39년 동안 왕위에 있으면서 멕시코와 페루를 정복하고 포토시를 발견하고 루터, 칼뱅, 예수회가 뜨고 코페르니쿠스의 지동설이 나오고 튀르키예가 두 번이나 빈을 포위하는 것을 지켜보았던 카를로스 5세는 1558년 스페인에서 눈을 감았다.

지칠 대로 지쳤어…

스페인에서 엄격한 가톨릭교도 밑에서 자란 펠리페 2세는
아버지의 섬세함과 인내심과 실용주의를 약점이요 원칙의 결여라고 보았다.
아버지는 이 세상에서 악을 몰아내는 데 실패했다고 아들은 생각했다.

반면에 아들은 튀르키예가 되었건 신교도가 되었건 이단자와는 무조건 싸울 작정이었다.
펠리페 2세는 현실 감각이 아니라 신앙심으로 세상을 다스릴 생각이었다.

종교 전쟁은 아직 끝나지 않았다.

펠리페 2세는 프랑스라는 적도 물려받았다.
두 왕국은 60년 동안 싸우고 있었다.
프랑스는 스페인의 아메리카 독점이 얄미웠다.
두 나라는 이탈리아 지배권을 놓고도 대립했다.
물론 스페인과 프랑스는 이웃 나라였다.

> 싸울 거리가 너무 많아요, 우린!

자연히 스페인은 프랑스의 앙숙이었던 잉글랜드 쪽으로 기울었다.
하지만 잉글랜드하고도 문제는 있었다.
헨리 8세가 결혼 문제로 로마 교회와 갈라선 것이다.

> 교황의 적하고 가깝게 지낸다?
> 태워 죽여도 시원치 않을 판에?

그때 스페인에게 행운이 따랐다. 잉글랜드의 왕위가 헨리 8세가 첫 아내로 맞아들인 아라곤의 캐서린과의 사이에서 태어난 메리 공주에게 돌아간 것이다. 메리는 독실한 가톨릭 신자였다.

카를로스 5세는 결혼을 주선했고 새로 왕좌에 오른 펠리페 2세와 메리는 1556년 신혼부부가 되었다.

"당신 어머니가 나한테는 고모할머니인데도?"

"괜찮거든."

그런데 메리가 2년 뒤에 죽는 바람에 잉글랜드의 왕위는 메리의 배다른 동생 엘리자베스한테 돌아갔다. 엘리자베스는 평민의 딸인 데다가 망할 놈의 신교도였다.

"(허걱)"

"내가 결혼을 하면 아버지한테서 물려받은 재산이 남편한테 굴러들어가고 나는 알거지에 무일푼이 되는 거거든."

"둘이서 싸우지 말고 저 계집을 죽이라니까!"

그래도 아랑곳하지 않고 펠리페 2세는 엘리자베스 여왕을 (멀리서) 집적거렸지만 그녀는 청혼을 뿌리쳤다.

"미안하지만 난 팔고 사는 물건이 아니네요."

퇴짜를 맞은 스페인은 원수인 프랑스와 손을 잡았다. 1559년 펠리페는 또 다른 엘리자베스, 그러니까 프랑스 국왕 앙리 2세의 열네 살 먹은 딸과 결혼했다.

"내가 당신 아들의 약혼녀였는데도?"

"괜찮거든."

프랑스를 뒤흔든 창

장인에 비하면 펠리페 2세의 가톨릭 신앙은 아무것도 아니었다. 앙리 2세는 프랑스의 이단자를 색출해서 화형에 처하고 혀를 잘랐다.

그렇지만 지금은 무기를 들 때가 아니었다! 결혼식을 축하하는 잔치가 열렸다! 앙리 2세는 기분이 좋아서 기사들과 칼싸움 놀이를 했다.

신앙심 때문에 그런 거지, 나도 알고 보면 착한 사람이우!

그러다가 근위병의 창에서 튄 파편이 눈에 박혔다.

가브리엘 몽고메리라는 스코틀랜드 출신의 근위병은 몸 둘 바를 몰라 했지만 앙리는 괜찮다고 했다.

흑흑… 저는 창만 들면 눈에 뵈는 게 없는 놈이라서…

그리고 미망인과 열 살 먹은 아들 샤를 9세를 두고 며칠 만에 눈을 감았다.

난 왜 이리 장인 복이 없을까…

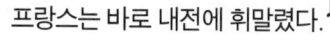

비열한 공격

프랑스 국왕의 어머니이며 앙리 2세의 미망인이었던 카트린 드 메디치는 프랑스에 관용과 평화의 전통을 뿌리내리려고 애썼다.

껴안지는 못할지언정 서로 죽이지는 말자는 거지요.

펠리페 2세는 그럴 마음이 없었다. 장모가 신교도를 두둔하는 것이 영 못마땅했다.

이탈리아에서 시집온 프랑스 여자를 어떻게 믿느냐고요!

펠리페 2세의 심기를 무엇보다도 불편하게 만든 것은 그가 소중하게 여겼던 네덜란드(당시에는 홀란드와 위트레흐트 말고도 지금의 벨기에까지 모두 포함했다)의 신교도와 위그노교도가 몰래 내통한다는 사실이었다.

하를럼
레이덴
델프트
암스테르담
위트레흐트
고우다
플랑드르
겐트
안트베르펜
프랑스
브뤼셀
리에주

나의 보물들아!

펠리페는 네덜란드가 조용하기를 간절히 바랐다.

펠리페에게 네덜란드는 돈줄이었다. 안트베르펜 항구 한 곳에서 걷어 들이는 세금이 포토시에서 가져오는 은보다 많았다!

브뢰겔이라든가 보슈 같은 화가를 좋아하는 특이한 취향을 가졌어도 플랑드르 사람들은 잘 살았다.

포토시의 광맥에서 나오는 은이 예전 같지 않았으므로 네덜란드는 더욱더 중요했다.

스페인 왕은 문제가 터지기 전에 선수를 치기로 마음먹었다.
그래서 1565년 신교도를 적발하기 위해 네덜란드로 심문관을 보냈다!

가서 본때를 보여주자!

네덜란드에서 정치는 철저히 아래로부터 이루어졌다. 도시마다 고장마다 주민들로 이루어진 모임과 시의회가 있어서 귀족도 중요한 문제가 있으면 거기서 의견을 물었다.

심문? 고문실? 그럼 도시계획실에 가서 먼저 허락을 받으셔야지. 아니, 그 전에 엄지손가락을 비트는 나사를 그 방에서 써도 좋다는 임대 부동산 예외 활용 허가서를 시의회에서 받아 오셔야지.

이 평평하고 습하고 낮은 작은 땅이 자기가 절대 군주로 군림하는 스페인과 얼마나 다른지 펠리페 왕은 까맣게 몰랐다.

나 말고 왕이 또 있단 소리?

네덜란드에서 무소불위의 권력을 휘두르는 유일한 사람은 둑을 관리하는 기술자였다. 바닷물을 막는 제방을 관리하는 이 사람이 한마디 하면 너도나도 달려와서 일을 거들었다!

네덜란드에는 물론 펠리페가 임명한 총독이 있었다. 현지어*를 할 줄 알아서 주민들의 관습을 잘 알았던 배다른 누이 마르가레테였다.

네덜란드에는 또 스타드호우데르라는 독특한 임명직이 있었다. 스타드호우데르는 현지인 출신의 귀족이 맡았는데 주민들과 왕 사이에서 징검다리 역할을 맡았다.

* 플랑드르어 또는 네덜란드어라고도 하며 저지독일어(북부 및 북서부 독일어)의 한 갈래. 프리슬란트에서 쓰이는 사투리는 게르만어 중에서 영어와 제일 가깝다.

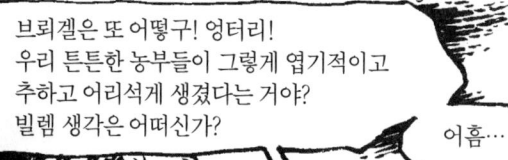

하지만 펠리페 2세는 나름대로 생각이 있었다. 왕의 심복이며 우락부락한 알바 공이 군사들과 왕의 포고령을 들고 안트베르펜에 나타났다.

마르가레테는 파면되었고 알바가 총독 자리에 올랐다. 심문소는 없어지지 않았다. ♪

— 사람들을 들들 볶는다고 생각이 달라질까?
— 그러니까 들들 좀 볶지 마!

알바는 이 모든 것이 역적 빌렘 때문이라고 규정하고 빌렘의 재산을 몰수했다. 빌렘은 독일로 종적을 감추었다.

— 어디 갔어?
— 워낙 조용해서…

1568년 빌렘은 반란군을 이끌고 와서 스페인 수비대를 격파했다.

결국 펠리페는 긁어 부스럼을 만든 셈이었다. 네덜란드에서 내전이 일어난 것이다!

— 이를 어쩐다?
— 강하게 나가야지요! 우리 식으로 사는 걸 혐오하는 무리하고는 절대로 타협하면 안 되거든요.

스페인이 네덜란드에 철퇴를 가하자 수많은 신교도가 특히 잉글랜드로 달아났다. 잉글랜드는 낙후된 땅이었다.

칼뱅주의는 사업가에게 호소력이 있었다고 역사가들은 흔히 말한다. 훗날의 보상을 위해 자기희생을 감수하는 효율성과 절약 정신을 강조한다는 것이다.

— 이 나라에 온 것부터가 자기희생이었지!
— 이가 스멀거리는 이 옷 좀 보라구요!

결국 안트베르펜은 돈 잘 버는 사업가들을 많이 잃었고 잉글랜드는 도자기, 직조술, 미술, 무역, 청교도 정신을 얻었다!

— 한마디로 좋은 옷을 입고 힘들게 살자고 말하는 거지요!

'레판토' 해전

스페인은 전함 80척과 수천 명의 군사, 펠리페의 배다른 형제 돈 후안 사령관을 보냈다(네덜란드 총독을 지냈던 배다른 누이 마르가레테처럼 그도 카를로스 5세의 자식이었다).

여기다 베네치아가 보낸 100척의 전함과 기타 수십 척이 보태진 동맹군 함대는 그리스의 코린트 만에 있던 나브팍토스(그리스어로 '조선소'라는 뜻)에서 튀르키예 함대를 발견했다. 나브팍토스를 후대 사람들은 어떤 영문인지 레판토라는 잘못된 이름으로 불렀다.

튀르키예 함대도 비슷한 규모였다. 그러니까 아무리 바다가 넓었어도 400척의 전함이 모여드니 복작거렸다.

동맹군은 병력에서도 화력에서도 튀르키예를 능가했다. 동맹군의 대포는 상선을 개조한 베네치아의 큼지막하고 통통한 배에 설치되었으므로 거의 흔들림이 없었다. (다른 배들은 길쭉하고 호리호리한 데다 노를 저었으므로 많이 흔들렸다!)

신성 동맹군은 압승을 거두었다. 튀르키예 해군 제독 알리 파샤는 거의 모든 전함을 잃고 포로가 되었다.

튀르키예 황제는 꿈쩍도 하지 않고 다시 전함을 만들라고 지시했다. 그래서 스페인은 당분간 지중해에 발이 묶여 있을 수밖에 없었다.

임무 완수!

잘 안 알려진 이야기지만 튀르키예는 러시아 땅 몰로디라는 곳에서도 참패를 당했다. 튀르키예와 같은 편이었던 크리미아 지방의 유목민 부대가 미하일 보로틴스키 공이 지휘하는 러시아 군대와 맞붙었다.

1572년 8월 사흘 동안 벌어진 전투에서 러시아 군대는 매복과 이동 요새로 유목 부대를 박살내고 튀르키예 기마대를 섬멸했다.

왜 이런 사실이 안 알려졌을까? 당시 러시아 황제였던 이반 뇌제가 보로틴스키 공을 질투하여 고문해서 죽이고 승전 기록도 책에서 지우라고 명령했기 때문이었다.

역사도 그리 믿을 게 못 된다우!

결혼식 타종

1572년 나바라의 앙리는 결혼식을 치르러 1만 명의 위그노교도를 거느리고 파리에 왔다. 기즈의 부하들은 파리 곳곳에서 칼을 갈고 있었다.

슥삭 슥삭 슥삭

결혼식은 8월 17일에 있었다. 가톨릭 예배에 참석하고 싶은 마음이 없었던 신랑은 미사가 진행되는 동안 주로 교회 밖에 서 있었다.

그리고 신랑 앙리는 신부 마르그리트에게 9장 14조에 규정된 대로 결혼 전에 가졌던 종교를 그대로 믿고 종교 의식과 성물에도 자유롭게 접근할 수 있게 해주겠다고 약속하겠는가?

글쎄요…

엿새 뒤 프랑스 국왕의 침소로 어머니와 남동생이 느닷없이 찾아왔다. 그들은 기즈의 계획을 설명했고 왕은 처음에는 충격을 받았다.

하지만 나중에 가서는 콜리니를 비롯한 이단 세력에게 악담을 퍼부었다.

다음날, 그러니까 성 바르톨로메오를 기리는
축일이었던 8월 24일 아침 콜리니는 암살당했고,
시신은 창밖으로 내던져졌다.

암살자들은 더 많은 희생자를 노렸다.

부상당한 신교도가 신부의 방으로 비틀거리며 들어와
바로 코앞에서 피를 흘리며 죽어갔다.

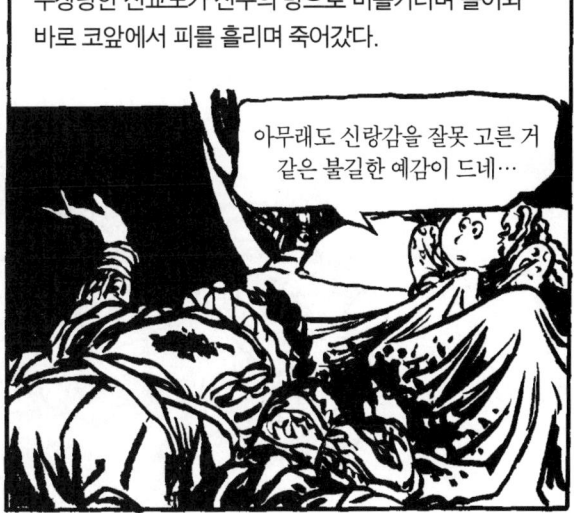

"아무래도 신랑감을 잘못 고른 거
같은 불길한 예감이 드네…"

종소리가 파리에 울려 퍼지자 기다렸다는 듯이 가톨릭교도는 무기를 들고 위그노교도를 사냥했다.
얼이 나간 왕은 창밖을 내다보면서 횡설수설했다.

그날 파리에서만
적어도 5천 명의
위그노교도가
죽었다. 프랑스
전역에서는 그보다
더 많은 사망자가
나왔다.

나바라의 앙리는 장모 덕분에 목숨을 건졌다. 카트린은 궁에 갇힌
죄수 신세가 된 사위를 구워삶으려고 애썼다.

"자네도 우리 편으로
넘어오는 게 여러모로 좋을 거야."

샤를 9세는
죄책감과 결핵에
시달리다가
20개월쯤 뒤에
죽었다. 스페인과의
전쟁은 자연히
흐지부지되었다.

네덜란드의 참변

프랑스를 등에 업은 오라녜의 빌렘은 아직 프랑스가 쳐들어오지 않았는데도 1572년에 스페인에 맞서 봉기했다.

그래서 8월 24일 성 바르톨로메오의 학살은 빌렘에게는 마른하늘에 날벼락이었다.

스페인은 반격에 나섰고 네덜란드 반란군은 물러설 수밖에 없었다.

파리에서 보고 들은 것이 많았는지 스페인 군대는 저항하는 사람은 닥치는 대로 죽였다.

하지만 공포심을 주려고 저지른 학살은 적개심과 더 큰 저항을 불러일으킬 수도 있었다. 1573년 말 저지대에 있던 도시 레이덴은 성문을 닫고 스페인 군대를 안 받아들였다.

- 안녕! 문 좀 열어주쇼! 우린 나쁜 사람 아니라니까 그러네!
- 우린 사람을 죽여도 이성적으로 죽입니다! 감정을 앞세우지 않아요! 그게 우리 원칙입니다!
- 우리도 가족이 있는 보통 사람이외다! 군인도 사람이란 말이오!

성 밖에 있던 빌렘은 레이덴 지도자들과 숙의한 끝에 네덜란드 사람은 감히 꿈도 못 꿀 일을 저지르기로 마음먹었다.

둑을 허물어 스페인 군대를 바닷물로 덮치고
상선이자 해적선이자 밀수선이었던
네덜란드 해군의 이른바
'바다의 거지 떼'를
몰살시켰다.

빌렘은 뜻 깊은 승리를 어떤 식으로든
기념하기로 마음먹었다.

- 기념상을 세울까?
- 기둥을 올릴까?
- 풍악을 울릴까?

그래서 레이덴 대학을 세웠다. 덕분에 레이덴은 몇 세기
동안 유럽 과학을 이끌어가는 중심 도시로 떠올랐다.

- 너무 시시하다!
- 보너스나 좀 주지.
- 대학은 어떻게 들어가나?
- 자넨 기초가 없어서 안 돼!
- 기초 하면 저거든요.

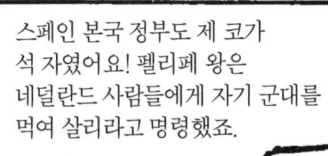

그들은 안트베르펜으로 우르르 몰려가서 악에 받친 인간이 할 수 있는 온갖 짓을 하면서 욕심을 채웠다.
플랑드르는 스페인의 만행에 치를 떨었다.

태평성대 잉글랜드

1584년 스페인의 첩자가 오라녜의 빌렘을 집에서 죽였다.
이렇게 해서 한 나라를 세웠지만 후세에
통 안 알려진 사람이 세상을 떠났다.

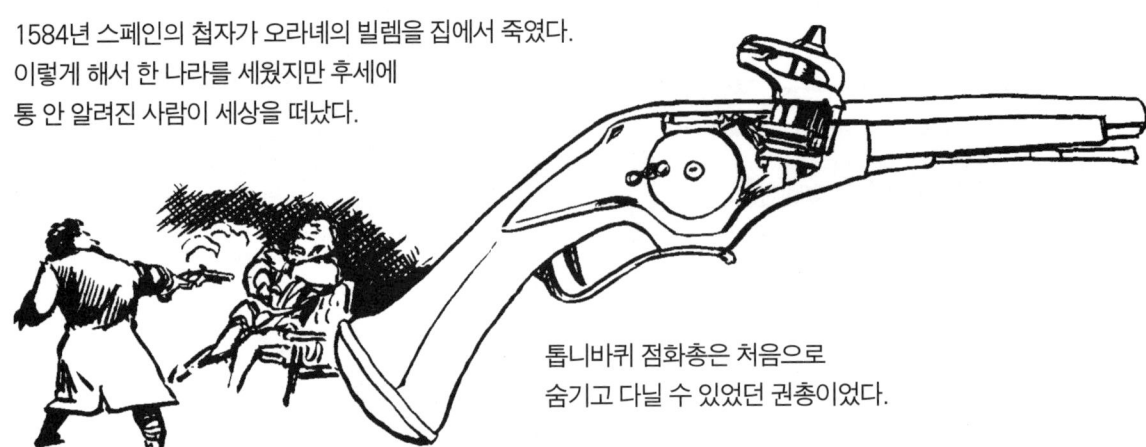

톱니바퀴 점화총은 처음으로
숨기고 다닐 수 있었던 권총이었다.

수세에 몰린 네덜란드 지역연합은 잉글랜드에 도움을 청했다.
잉글랜드 전함과 군사는 신생국을 대놓고 도왔다.

어휴

그래서 1585년 스페인은
잉글랜드에 선전 포고를 했다.

피라미 잉글랜드가 뭘 믿고
저러는지 알다가도
모르겠네요. 쩝!

그때까지 잉글랜드는 해적질은 열심히 하면서도 스페인과 사이좋게 지냈다. 벌써 1562년에 존 호킨스 선장은
스페인이 차지한 카리브 해 지역으로 노예를 밀수했다. 호킨스는 내친 김에 스페인 선박과 식민지 항구까지
약탈했다. 하지만 엘리자베스 여왕은 혼내기는커녕 호킨스를 해군 총사령관으로 임명했다!

호킨스 집안을
상징하는 문장

정말 너무너무 솔직한
여왕님이시네요.

아르마다 함대가 파르네세의 지상군과 연락할 방도가 없었다는 사실! 워낙 중무장을 해서 물속 깊이 잠겨 있던 터라 북프랑스의 어떤 항구도 스페인 전함을 감당할 수 없었다는 사실! 엘리자베스가 사람들을 시켜서 1586년에 스코틀랜드 여왕을 참수했다는 사실은 아랑곳하지 않았다!

> 윽!

한번 세운 계획은 무조건 밀어붙여야 했다. 아르마다 함대는 1588년 5월 28일 수많은 사람이 지켜보는 가운데 원정에 나섰다.

7월에 함대는 잉글랜드 해협에 도착했지만 마땅한 항구가 없어서 드넓은 바다에서 닻에만 기대어 옹기종기 모여 있기도 했다.

그런 식으로 어영부영 시간을 보내고 있을 때 갑자기 매캐한 연기 냄새가 났다.

폭약을 가득 실은 채 파도를 타고 스페인 함대 쪽으로 다가온 잉글랜드 배들에서 불길이 솟구쳤다.

아르마다 함대는 갈팡질팡했고 잉글랜드는 공격을 퍼부었다. 두 나라는 화약이 떨어질 때까지 싸웠다(1588년 7월 29일). 그런데 프랜시스 드레이크는 도중에 돈을 가득 실은 스페인 배를 추격하기 위해 대오를 이탈하여 부하들을 실망시켰다. 해적 출신 사령관은 역시 달랐다.

덩치만 컸지 스페인 함대는 미꾸라지처럼 약삭빠른 잉글랜드 함대의 적수가 못 되었다. 스페인 함대는 열한 척의 배를 잃거나 빼앗기고 파르네세의 육군을 그냥 둔 채 북서쪽으로 쫓겨갔다.

아르마다 함대는 북쪽으로 스코틀랜드와 아일랜드를 돌다가 거센 풍랑으로 절반의 배와 대부분의 선원을 잃고서 간신히 귀환했다. 스페인 육군은 바닷가에서 발만 동동 굴렀다.

아르마다 함대의 패배로 스페인은 초상집이었지만 잉글랜드는 호시절을 만났다. 사람들은 잉글랜드가 태평성대를 누렸던 시절을 미화하곤 했다.

"태평성대는 얼어 죽을! 을씨년스럽고 비만 부슬부슬 오고 질척거리는 돼지우리에다 곳곳에 양이 싸놓은 똥에다 산더미처럼 쌓이던 쓰레기가 아직도 눈에 선한데…"

"그래도 지금보다는 세상이 잠잠하지 않았나."

1585년까지 20년 동안 잉글랜드는 평화를 누렸다. 무역(과 해적질)으로 나라 살림이 폈고 엘리자베스 여왕은 신교도이기는 했지만 칼뱅주의자를 편애하지 않았다. 잉글랜드는 태평성대를 누리면서 춤추고 도박하고 술 마시고 욕하고 뛰어난 시와 희곡을 썼다.

"배우의 가죽으로 호랑이의 심장을 감싼 촌놈이 벼락출세를 하더니 아무도 못 따라올 극시를 쏟아내겠다며 기염을 토하는 꼴이라니!" (셰익스피어를 못마땅하게 여긴 동료 극작가의 말)

그렇지만 가톨릭 신자에게는 전혀 태평성대가 아니었다. 잉글랜드에서는 가톨릭 신앙이 불법이었다. 정부는 사방에 첩자♪를 심어두고 가톨릭 신자를 잡아들였다.

1593년 극작가로 이름을 날리던 크리스토퍼 말로가 칼을 맞고 죽었다. 술값을 놓고 시비를 벌인 것으로 공식 기록에도 나와 있다.

하지만 말로는 밀정인 것으로 드러났다. 가톨릭 신자인 척하면서 가톨릭에 몰래 동조하던 사람들을 알아내고 그들이 만나는 곳과 "사제 구멍"이라고 부르던 은신처를 밝혀냈다.

말로가 죽은 집은 한 첩자의 아지트였다. 말로의 술친구는 모두 첩자였다. 당시 말로는 무신론자 혐의를 받고 조사를 받고 있었다. 그래서 말로의 죽음은 아직도 수수께끼로 남아 있다.

"도대체 바라는 게 뭐야?"

"너한테 술 한 잔 얻어먹어 보는 거다, 왜?"

당시 잉글랜드 연극계에서 벼락출세를 한 촌놈은 정든 고향 스트랫퍼드를 떠나 런던에 막 진출한 스물네 살의 윌리엄 셰익스피어였습니다.

셰익스피어의 부모는 가톨릭 신자였어요. 스승들도 절반은 가톨릭 신자였구요. 하지만 셰익스피어의 진짜 신앙은 아무도 모릅니다.

쉰두 살로 생을 마감할 때까지 (1564~1616) 셰익스피어는 20편이 넘는 희곡과 150편이 넘는 시를 썼습니다. 셰익스피어라는 사람의 정체를 알아내기 위해 오늘도 학자들은 이 작품들을 열심히 팝니다.

그동안 밝혀진 사실은 열여덟에 결혼을 했고, 자식이 셋이었는데 하나는 죽었다는 것. 배우, 극작가, 연출자로서 성공을 거두었고 좋아하는 여자와 젊은 남자가 있었는데 둘 다 신원은 모른다는 정도.

희극과 비극에서 모두 탁월한 실력을 발휘한 극작가, 섬세한 시인, 발군의 유머 감각으로 살아서도 칭송을 받았고 죽고 나서도 보석 같은 존재로 사랑을 받았던 사람.

나이 오십이 되어 스트랫퍼드로 돌아가서 신교 교회에 거액을 기부하고 고향 땅에 묻혔지요.

선생님의 일생은 한 편의 드라마라기보다는 한 편의 미스터리로군요!

1588년 셰익스피어는 바야흐로 탄탄대로로 접어들었지만 스페인과의 전쟁으로 나라 살림이 거덜나면서 잉글랜드의 태평성대는 막을 내리고 있었다.

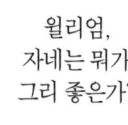
1603년 엘리자베스가 죽을 때까지도 싸움은 계속되었다.

윌리엄, 자네는 뭐가 그리 좋은가?

군인이 아니라서 너무 다행인 거 있지!

파리가 뭐길래?

1572년 파리에서 대학살극을 겪은 뒤 샤를 9세는 실성했고 위그노교도였던 처남 나바라의 앙리는 궁궐에 갇혔다.

무서운 장모 메디치의 카트린은 사위의 마음을 잡으려고 애썼다. 신부들을 보내 공부도 가르쳤고 심지어는 애인까지 만들어주었다.

"나 같은 장모 있으면 나와 보라 그래!"

"엄마!"

앙리는 호시탐탐 빠져나갈 기회만 엿보았다. 1576년 드디어 탈출에 성공했다.

"서라!"

앙리는 신교도 진영으로 가서 전투에 가세하여 혁혁한 공을 세웠다.

전쟁이 벌어지는 동안 도시가 포위당해서 식량이 떨어진 신교도들은 굶주림을 못 견디고 가죽을 먹기 시작했다.

"아서요, 생가죽은 야만인이나 먹는 거지!"

당시 시민이 남긴 편지에는 가죽 조리법이 적혀 있다. 바닷물에다 가죽을 적어도 하루 동안 담가놓고 물을 자주 갈아준다. 야채와 양념을 넣고 말랑말랑해질 때까지 끓인다. 가늘게 썬 다음 버터가 있으면 살짝 볶는다. 편지는 "내 평생 그렇게 맛있는 음식은 처음 먹어보았다"는 말로 끝난다.

동서양을 막론하고 역시 시장이 반찬인 것이다.

"맛있다! 소스는 뭐야?"

"있잖아, 죽은 동물 발굽을 끈끈해질 때까지 잘 삭혔다가…"

프랑스 가톨릭교도들의 고민은 나바라의 앙리가 왕의 동생 다음으로 왕위를 물려받을 후계자라는 데 있었다.

1584년 왕의 동생이 죽자 앙리는 졸지에 후계자 1순위로 올라섰다(국왕 이름도 똑같이 앙리였다).

가톨릭 진영은 양분되었다. 스페인의 후원을 받았으며 기즈 공작과 추기경이었던 그의 형제가 이끌던 가톨릭 동맹은 신교도 왕은 절대로 안 된다는 입장이었다.

국왕 앙리 3세를 비롯한 '외교파'는 타협과 평화를 원했다.

가톨릭 동맹은 완강했다. 강경파가 많았던 파리는 당장이라도 들고 일어설 기세였다. 1588년 중반 왕은 군대를 투입했다.

파리는 앙리 3세를 쫓아냈다.

왕은 호인답지 않게 음모를 꾸몄다. 자객을 보내 기즈 형제를 없애기로 한 것이다. 12월 23일 기즈 공작이 먼저 쓰러졌고 그다음날 추기경도 칼을 맞았다.

가톨릭 동맹이 왕을 죽이려고 혈안이 되어 있었으므로 왕은 가톨릭 신자로만 이루어진 군대를 이끌고 어쩔 수 없이 유일하게 안전한 곳으로 피했다. 바로 나바라의 신교도 진영이었다.

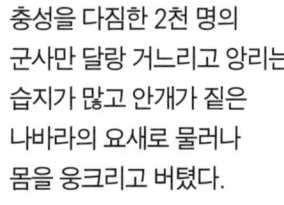

그들이 기다린 것은 지원군이었다. 잉글랜드에서 4천 명, 위그노파에서 5천 명의 증원군이 왔다. 앙리는 공세에 나섰다.

"끈기 있게 버티다가 지원군이 와주니까 사분오열된 적을 가볍게 누를 수 있었던 거지요."

지도자 노릇을 했던 기즈 형제가 죽은 데다 돈이 바닥난 스페인의 도움도 변변치 않아서 가톨릭 동맹은 밀릴 수밖에 없었다. 위그노 군대는 파리를 포위했다. 식량이 떨어져서 3만 명의 파리 시민이 굶어 죽었다.

앙리는 파리로 밀고 들어가서 박살내든가 가톨릭으로 개종해서 민심을 얻든가 양자택일을 해야 했다. 앙리는 이 유명한 말로 자신의 선택을 나타냈다.

"파리는 미사를 받을 자격이 있지!"

그렇게 해서 앙리는 가톨릭으로 개종하여 앙리 4세로 등극했다. 굶주린 파리 시민에게 왕은 "냄비마다 닭 한 마리씩" 안겨주마고 약속했다. 1594년 앙리 4세가 나타나자 파리는 (닭만 빼고) 환호의 도가니였다.

"쳇!"

비록 개종은 했지만 앙리 4세는 신교도를 보호했다. 프랑스 국민은 지금도 앙리 4세를 "르 봉 루아" 곧 선왕으로 칭송한다. 자고로 그런 대접을 받은 왕은 드물다.

승자는…

가장 관용적인 나라에서도 가장 관용적인 도시였던 암스테르담은 자유사상가, 유대인, 다양한 신교 종파, 그리고 남의 일에 시시콜콜 간섭하지 않고 살아갈 수 있는 사람들을 끌어들였다.

그런데 당신 하는 일이 뭔가요?

몰라도 돼요.

암스테르담은 금융, 수출입, 조선, 해운, 어업, 도소매, 다이아몬드 가공, 꽃 재배, 안경이나 돋보기를 위한 렌즈 가공으로 먹고살았다.

그래서 이곳에 오시면 세상이 투명해 보이지요.

1593년 튀르키예에서 네덜란드로 처음 들어온 튤립은 누구나 탐을 내는 금싸라기 꽃이 되었다. 특히 바이러스 때문에 줄무늬가 난 꽃이 생기면서부터는 더 그랬다.

꽃값이 너무 치솟으니까 사람들은 나중에 되팔아서 이익을 보려고 너도나도 꽃을 사들였다.

튤립 뿌리 하나에 6000플로린이라? 제정신이에요?

그래도 없어서 못 산다는 거 아냐.

(6000플로린은 보통 사람이 40년 동안 일해야 벌 수 있는 돈이었다.)

결국 1637년에 거품이 터지면서 꽃값이 폭락했다. 사람들은 대부분 빈털터리가 되었다.

6000플로린을 줬는데 남은 건 이 망할 놈의 꽃 한 송이뿐이네!

어디까지나 이론

1608년 네덜란드의 한 안경사가 렌즈 두 알을 떼어놓고 보면 세상이 다르게 보인다는 사실을 알아냈다.

그는 원통 안에다 렌즈들을 넣어서 최초의 망원경을 만들었다(겨우 4배율이었지만).

"우리 같은 뱃사람들은 그런 거 없어도 잘만 살아요!"

"부인이 바람을 안 피우나 망원경으로 엿볼 수 있다니까요!"

몇 달도 못 가서 누군가가 세상을 다르게 보는 방법을 알고 싶어하던 이탈리아의 갈릴레오 갈릴레이에게 그 망원경을 들고 갔다.

"특히 몰래 엿보는 데는 그만이더군요!"

"여기서도 잘 보일까?"

1609년 갈릴레오는 25배율의 망원경을 만들어냈다. 그리고 밤하늘을 올려다보고 기존의 천문학 상식을 흔들어놓았다.

갈릴레오는 뭘 알고 싶었을까요? 뭘 찾아 나섰을까요?

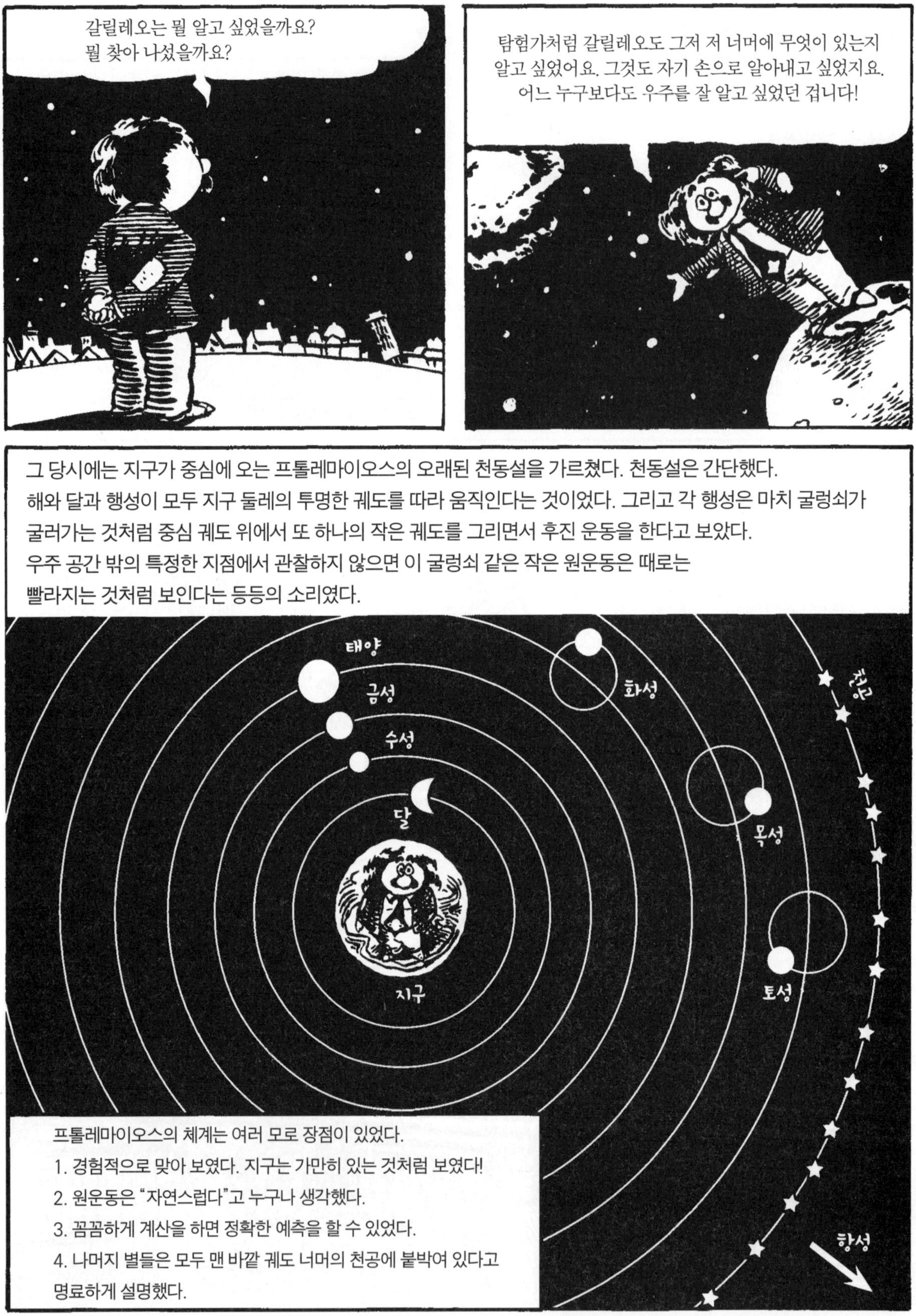

탐험가처럼 갈릴레오도 그저 저 너머에 무엇이 있는지 알고 싶었어요. 그것도 자기 손으로 알아내고 싶었지요. 어느 누구보다도 우주를 잘 알고 싶었던 겁니다!

그 당시에는 지구가 중심에 오는 프톨레마이오스의 오래된 천동설을 가르쳤다. 천동설은 간단했다. 해와 달과 행성이 모두 지구 둘레의 투명한 궤도를 따라 움직인다는 것이었다. 그리고 각 행성은 마치 굴렁쇠가 굴러가는 것처럼 중심 궤도 위에서 또 하나의 작은 궤도를 그리면서 후진 운동을 한다고 보았다. 우주 공간 밖의 특정한 지점에서 관찰하지 않으면 이 굴렁쇠 같은 작은 원운동은 때로는 빨라지는 것처럼 보인다는 등등의 소리였다.

프톨레마이오스의 체계는 여러 모로 장점이 있었다.
1. 경험적으로 맞아 보였다. 지구는 가만히 있는 것처럼 보였다!
2. 원운동은 "자연스럽다"고 누구나 생각했다.
3. 꼼꼼하게 계산을 하면 정확한 예측을 할 수 있었다.
4. 나머지 별들은 모두 맨 바깥 궤도 너머의 천공에 붙박여 있다고 명료하게 설명했다.

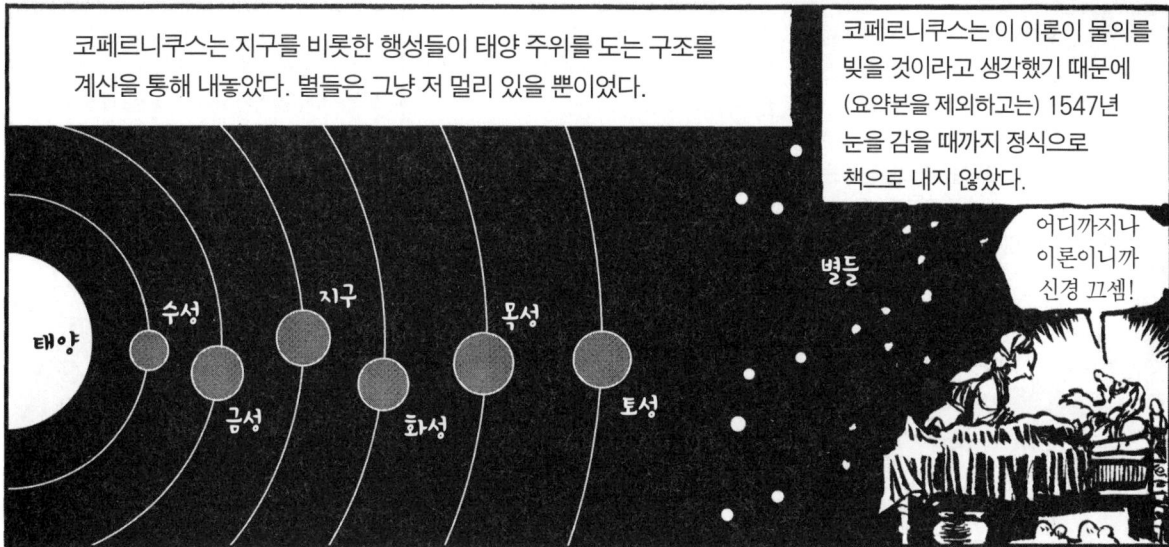

코페르니쿠스가 죽고 얼마 안 지나서 덴마크의 티코 브라헤라는 귀족이 결투를 벌이다가 코를 잃고 천문학에 뛰어들었다.

속세를 등지란 소리구나…

은으로 새로 코를 단 그는 우라니보르그라는 천문대를 짓고 어둠 속에서 울분을 삭이면서 연구에 몰두했다.

뭘 봐?

그렇게 브라헤와 연구진은 몇 년 동안 천체의 운동을 꼼꼼하게 쟀다. 1577년에 나타난 혜성도 물론 놓치지 않았다.

허걱! 오마나! 4도 12분 6초.

가만히 따져보니 이 혜성의 경로는 아리스토텔레스와 프톨레마이오스가 말하는 원운동과는 거리가 멀었다. 고로,

프톨레마이오스를 손 좀 봐야겠다!

어디까지나 이론이니까 걱정 마셈!

과학처럼 수학도 1500년대에 장족의 발전을 했지만 타르탈리아처럼 수학의 발전을 늦춘 학자도 있었다. 1535년 타르탈리아는 3차 방정식을 푸는 법을 알아냈지만 아무한테도 안 알리고, 수학 '결투'에서 자기 실력을 뽐냈다.

카르다노라는 수학자가 찾아와서 아부와 감언이설로 타르탈리아한테서 비밀을 캐냈다.

저만 알고 있을게요. 저한테는 알려주셔야 선생님의 뛰어난 지성을 제가 존경하지요!

끙!

카르다노는 물론 과학의 발전을 염원했지만 자기 잇속도 차렸다. 자기가 알아낸 몇 가지 사실과 함께 타르탈리아의 해법을 책으로 썼다. 타르탈리아는 펄펄 뛰었다.

과학은 공유해야만 발전하거든요!

난 뭘 먹고 살라고!

(천문학이 아니라 성격 때문에) 워낙 적이 많았기 때문에 티코 브라헤는 1597년에는 덴마크를 떠나지 않을 수 없었다.

브라헤는 보헤미아에 자리를 잡고 같은 망명객이었으며 신교도라서 가톨릭의 탄압을 피해 오스트리아에서 도망 온 천재 수학자 요하네스 케플러에게 일을 맡겼다.

종교 탄압을 피해서 왔다구? 난 순전히 성격이 지랄 같아서 왔다우!

상상이 갑니다.

브라헤는 케플러에게 산더미 같은 숙제를 주었다. 화성의 궤도를 계산하라는 것이었다.

시간이 좀 걸릴 걸세.

케플러는 화성이 움직이면서 속도가 빨라지기도 하고 느려지기도 한다는 사실을 코페르니쿠스가 알았다는 것을 알아냈다. 코페르니쿠스는 작은 원을 덧붙여서 문제를 해결했다.

그런데 브라헤의 정교한 수치를 집어넣어 보니까 코페르니쿠스의 이론이 들어맞지 않았다.

케플러는 몇 달 동안 일일이 손으로 계산을 하면서 죽을 고생을 한 다음에 겨우 해답을 알아냈다.

화성의 궤도는 원을 그리는 것이 아니라 약간 길쭉한 모양이었다. 사실은 완전한 타원형이었다. 그래서 행성은 태양과 가까울 때는 빨라졌고 태양과 멀 때는 느려졌다.

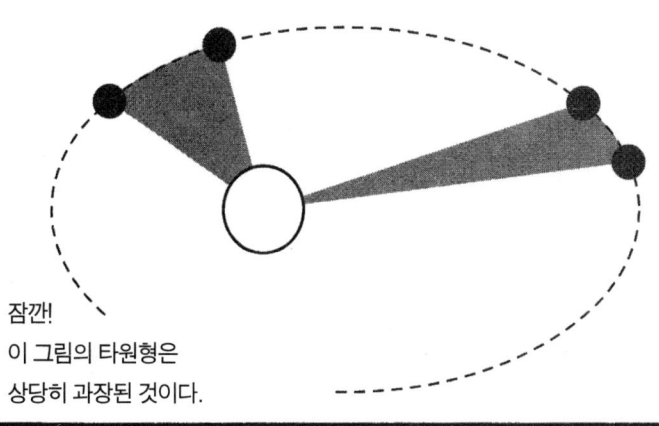

잠깐! 이 그림의 타원형은 상당히 과장된 것이다.

게다가 케플러는 정확한 수학 공식까지 알아냈다. 화성의 궤도는 일정한 시간 동안 일정한 면적을 쓸고 간다는 것이었다.

장하다, 케플러!

케플러는 1609년에 연구 결과를 발표했다. 그뿐이 아니었다. 이것은 그저 이론이 아니라 사실이라고 밝혔다. 지구가 정말로 돈다고 말했다. 행성들은 태양의 둘레를 겹겹이 쌓인 원형이 아니라 명쾌한 수학 법칙을 따르면서 타원형으로 돈다고 주장했다.

프톨레마이오스가 틀렸어요!

신교도라서 저러는 게 아닐까요?

반대를 위한 반대에 신물이 납니다!

브라헤는 케플러의 발견을 못 보고 죽었지만 갈릴레오는 아직 팔팔했다. 당연히 그 망원경으로 보고 싶어했다!

이리 줘봐!

케플러의 책이 나오고 몇 달도 안 지나서 갈릴레오는 밤하늘을 보다가 원반처럼 생긴 목성을 찾아냈고 그 주변을 도는 네 개의 위성도 발견했다.

전부 공처럼 빙글빙글 도네!

그다음 몇 달 동안 갈릴레오는 엄청난 발견을 했다. 금성이 이지러지는 것을 관찰한 것이다.

달하고 똑같네!

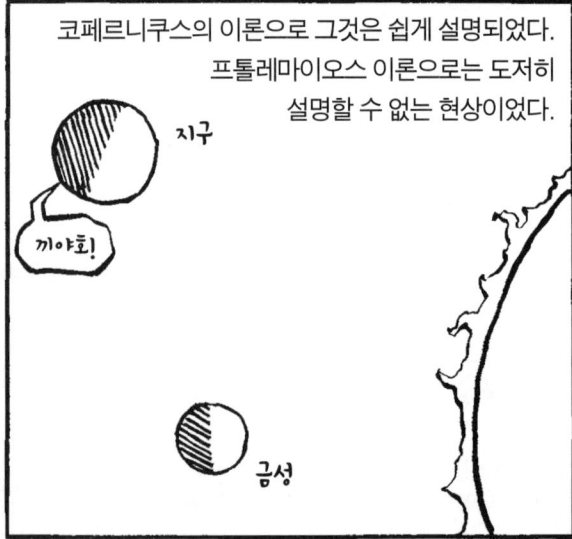

코페르니쿠스의 이론으로 그것은 쉽게 설명되었다. 프톨레마이오스 이론으로는 도저히 설명할 수 없는 현상이었다.

지구

끼야호!

금성

30년 전쟁

1610년 가톨릭 광신도가 성군으로 추앙받던 앙리 4세를 죽였다.

앙리 4세의 데스마스크

어린 후계자 루이 13세는 리슐리외 추기경의 손 안에 있었다. 리슐리외는 프랑스에서는 신교도를 탄압하고 독일에서는 신교도를 부추기는 구태의연한 정책으로 돌아갔다.

1617년 독일의 루터파는 신교가 나온 지 100주년을 맞아서 요란하게 행진을 하면서 가톨릭 진영의 약을 올렸다.

1618년 보헤미아의 루터파 신교도들이 구교도들을 프라하 시청의 창밖으로 내던졌다. (푹신푹신한 '오물' 위에 떨어져서 다들 목숨은 건졌다.)

이 사건을 도화선으로 30년 전쟁이 시작되었다. 30년 전쟁은 신교도와 구교도가 맞붙은 전쟁 중에서 오랜 기간 가장 끔찍하고 가장 파괴적인 전쟁이었다.

그것은 보헤미아를 다스릴 독일의 군주가 신교도라야 하는가 구교도라야 하는가를 놓고 빚어진 반목에서 시작되었다. 이해관계가 있던 나라들은 저마다 독일로 군대를 보냈다.

독일의 군소 국가들, 오스트리아, 로마 교황청, 스위스, 네덜란드, 프랑스, 심지어는 스웨덴과 덴마크까지 모두 밥그릇을 놓고 끼어들었다. 누구 하나만 고집을 부려도 싸움을 끝낼 방도가 없었다.

소름끼치는 장면은 건너뛴다. 이 전쟁으로 독일 인구의 절반이 굶어죽고 불에 타죽었다.

전쟁이 약간 소강상태로 접어드는가 했더니 이번에는 사방에서 마녀 사냥이 벌어졌다. 마녀로 지목된 수많은 여자가 감옥에 갇히고 교수형이나 화형에 처해졌다. 물론 재판 비슷한 것은 받았다.

괴팍하기로 유명했던 요하네스 케플러의 모친도 옥에 갇혔다. 케플러는 어머니를 변호하기 위해 14개월 동안 천문학 공부를 접었다.

케플러는 어머니를 빼내는 데 성공했지만 수학 문제는 몇 개밖에 더 못 풀고 1630년에 눈을 감았다. 2년 뒤 군인들은 케플러의 무덤을 없애버렸다.

이런저런 문제로 고민이 많던 가톨릭교회는 새로운 과학을 일종의 이단으로 여기기 시작했다.

사실 교회는 그렇지 않아도 갈릴레오 때문에 걱정이 많았다.

천체에 대해서도 색다른 설을 내놓았지만 갈릴레오는 지구에 대해서도 아리스토텔레스와는 전혀 다른 생각을 갖고 있었다.

아리스토텔레스는 무거운 것은 가벼운 것보다 빨리 떨어진다고 말했다. 그렇다면 공 여러 개를 끈으로 묶으면 어떻게 될까? 갈릴레오는 물었다. 이것은 무거운 물체 하나일까, 가벼운 물체 여러 개일까?

또 아리스토텔레스는 움직이는 물체는 미는 힘이 없으면 멎는다고 말했다. 갈릴레오는 공을 굴리다가 다른 점에 주목했다.

1623년 갈릴레오를 아끼고 밀었던 사람이 교황으로 뽑혔다. 우르바누스 8세는 갈릴레오를 저녁 식사에 초대했다.

내가 얼마나 통이 크고 깨인 사람인가를 보여주고 싶었지요!

우르바누스는 갈릴레오에게 코페르니쿠스의 학설은 이론이니까 괜찮지만 '공정하게' 써야 한다고 말했다. 어차피 전능한 신은 별의별 수단을 동원해서 당신이 원하는 대로 이 세상을 만들었을 테지만 인간은 그것이 무엇인지 확실히 알 수 없다는 두루뭉술한 결론을 교황은 원했다.

참으로 논리적이지 않소?

1632년 갈릴레오는 『두 가지 주된 우주체계에 관한 대화』라는 책에서 태양이 중심에 오는 체계가 사실인 것처럼 그렸다. 그 책에서 갈릴레오는 교황의 말을 자기에게 유리하게 써먹었다.

"참으로 고명하신 분께서 무한한 지혜를 가진 신은 온갖 수단으로 이 세상을 만들었을 것이라고 말씀하시니 정말로 그랬을 거라는 생각이 듭니다."

교황은 모욕감을 느끼고 갈릴레오에게 불호령을 내렸다. 심문관을 보내서 갈릴레오를 체포하고 책에서 한 말을 취소하라고 명령했다. 결국 1633년 갈릴레오는 명령에 따랐다.

이론일 뿐인데…

종교 단체에서 무엇을 가르치라 시시콜콜히 간섭하는 것을 과학자들이 싫어하는 데는 다 이유가 있다.

갈릴레오가 살았던 집은 지금도 있다.

갈릴레오는 여생을 집에 갇혀서 보냈다. 교회는 갈릴레오의 책을 판매금지 도서로 묶었다. 그렇지만 갈릴레오를 찾아온 방문객 중에는 유명인이 꽤 있었다.

모두 갈릴레오한테서 영향을 받은 사람들이었다.

프랑스 철학자 르네 데카르트는 통념을 뒤집어엎는 갈릴레오의 탐구심에 끌렸다.

갈릴레오가 교회에 시달리는 것을 보고 데카르트는 네덜란드로 옮겨가서 자유롭게 생각했다.

나는 생각한다, 고로 프랑스에서 벗어난다.

잉글랜드의 토머스 홉스는 갈릴레오를 만나고 돌아와서 모든 것을 처음부터 다시 생각하고 싶은 욕망을 느꼈다.

난 죽었다.

역시 잉글랜드에서 온 존 밀턴은 검열을 증오하게 되었다.

교황은 악마요 악질이니 우리가 악착같이 대들어야 합니다!

또 다른 잉글랜드 사람 로버트 보일은 죽어가는 갈릴레오를 만나고 돌아가면서 어떤 시련이 닥치더라도 과학의 길을 걷기로 다짐했다.

갈릴레오는 1642년에 죽었고 그 이듬해 갈릴레오의 업적을 이어갈 대과학자 아이작 뉴턴이 태어난다.

그리고 지겨운 전쟁도 1643년 일곱 나라가 만나서 평화 회담을 벌였다. 누가 먼저 방에 들어가느냐, 어디에 앉느냐 같은 사소한 문제를 놓고 어섯 달 동안 옥신각신했다.

내가 일등이라니까!

25년을 끈 전쟁인데 뭘 그리 서두르시나.

자그마치 4년이 지나서야 그들은 베스트팔렌 조약(1648년)을 맺었다. 이 조약으로 신교도는 보호를 받았고 프랑스는 배상금을 받았으며 네덜란드는 처음으로 독립을 인정받았다. 결국 신교가 살아남게 된 것이다!

휴… 이제부터는 어느 놈들하고 싸울지 걱정이네.

5
"이치가 그렇잖아!"

1600년 무렵이 되면 스페인이 눈에 띄게 약해지고 대서양에서는 유럽 열강들이 각축을 벌였다.

캐나다

벌써 1562년에 수백 명의 프랑스 신교도들이 정체를 드러내고 플로리다에 정착을 하려고 했다.

안 돼!!

스페인은 그들을 모조리 죽였다. 프랑스인이라서가 아니라 이단이기 때문이었다.

아무짝에도 쓸모가 없거든요. 가톨릭교도라면 배 젓는 노예로 부려먹기라도 하지!

그래서 프랑스는 1605년에 이번에는 훨씬 북쪽으로 올라갔다. 캐나다였다.

멋지네!

여름은 특히 좋죠.

부르르 부르르 부르르

앙리 4세가 왕으로 있었을 때니까 가톨릭교도와 위그노교도가 같이 배를 탔지만 신부와 목사끼리는 내내 싸움을 벌였다. 어떨 때는 주먹다짐까지 했다!

도착하고 나서 신부와 목사가 공교롭게도 한날에 죽었다. 죽어서도 티격태격하지 않을지 궁금해서 사람들은 두 사람을 한곳에 묻었다. (잠잠했다.)

죽으면 저렇게 나란히 사이좋게 누워 있는데 우리도 더 이상 싸우지 말아야겠죠?

그렇지만 캐나다는 얼마 안 가서 신교도를 억눌렀다.

밤낮없이 논쟁만 하면서 허송세월하는 것보다는 정신 건강에 좋거든요.

무슨 소리!

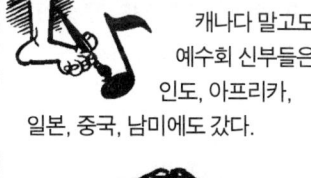

캐나다에서 한몫 챙기려고 프랑스인은 희귀한 자원을 찾아 헤맸지만 헛수고였다. 금도 은도 찾지 못했다. 오직 비버뿐이었다.
그런데 프랑스의 모자 상인이 비버 가죽으로 멋진 방수 모자를 만드는 데 성공했다.
끝내주네! 따뜻하고! 젖지도 않고!
짱이다!
비버만 갖다주면 프랑스인이 도끼, 담요, 주전자를 준다는 소문이 삽시간에 캐나다 전역으로 퍼졌다.
댁들의 탐욕스러운 상품 경제를 먹여 살리기 위해서 저더러 죽어라고 자원을 고갈시키라 이 말씀이죠?
누이 좋고 매부 좋고!
봄이 되면 비버를 가득 실은 카누가 몬트리올로 모여들었다. 얼마 안 가서 한 해에 1만 5000장의 비버 가죽이 프랑스로 실려갔다.
동부에서는 비버가 점점 씨가 말랐다. 휴런족과 이웃 부족들은 내륙 지방의 원주민한테서 비버를 샀다. 프랑스 사람이 가기도 전에 프랑스 물건이 오하이오, 미시건, 미네소타까지 흘러들어갔다.
비버가 쌓는 댐으로 진펄이 생기고 물이 모이는데 (모기의 서식지도 되지만) 비버가 사라지니까 캐나다 북동부가 건조해졌을 가능성이 있지만 아직은 확인되지 않은 가설이다.
정말 먹고살기 힘들더라구요!

신교도 대 신교도

한편 잉글랜드도 한가롭게 세월만 보내지는 않았다.

1585년 플로리다 북쪽 해안에 한 무리의 잉글랜드인이 도착해서 그곳을 버지니아라고 불렀다. 엘리자베스 여왕이 처녀라서 붙인 이름이었다.
- 헨리 8세가 살아 있었으면 뭐라고 붙였을까?
- 노버지니아?

그런데 스페인과 싸움도 붙었고 이런저런 이유로 정착민이 2년 만에 몰살당했다.

1603년 엘리자베스가 죽고 나서 왕위에 오른 스코틀랜드 출신의 제임스 스튜어트는 1605년 국왕과 상원, 하원을 모두 날려버리려고 했던 가톨릭 테러분자들을 소탕한 다음 본격적으로 식민지 확장에 나섰다.
- 뭔가 보여줘야겠더라구요!

모험가들은 새로운 버지니아 식민지를 밀어주는 투자회사도 새로 만들었다(그 당시에 모험은 곧 투자였다. 그리고 투자가들은 보통 본국에 남아 있었다). 원정대는 1607년에 떠났다.
- 무모하다는 생각도 듭니다!
- 하기야, 보험료도 장난이 아니네…

신사, 늙은 여자, 전과자로 이루어진 식민단은 지난번보다 성적이 양호했다. 80퍼센트밖에 죽지 않았다.
- 와! 5분의 1이나 살아 있네.
- 남아도는 인구를 정리할 수 있으니 다행인지도 모르지요.
- 실제로 그런 말을 한 사람이 있었다!

비버로 돈을 벌리라고는 꿈에도 몰랐지만 버지니아 식민단은 비버보다 더 돈과는 거리가 멀어 보였던 것에서 가능성을 찾았다. 담배라는 마약을 찾아낸 것이다.
- 지금부터 아메리카에서 나는 뻐끔 담배가 건강에 좋다는 선전을 대대적으로 하는 겁니다!

찰스 1세가 자멸의 길을 스스로 재촉하던 잉글랜드로 돌아가보자.

찰스 1세가 어설프게 전쟁을 벌이는 바람에 1640년 국고는 바닥나 있었다. 의회만이 금고를 채울 수 있었다. 왕은 의회를 소집했다가 반응이 신통치 않자 집으로 보냈다가 다시 불러들였다.

"한 가지만 묻겠습니다. 지난 15년 동안 가장 잘못한 일이 무엇이라고 생각하십니까?"

"너무 야박하게 굴지 맙시다."

왕은 한껏 몸을 낮추어 자기가 거느리는 아일랜드군, 그러니까 아일랜드 가톨릭 군대에 봉급을 지불하게 돈을 달라고 요청했지만, 아니, 애걸했지만, 의회는 단호하게 거절했다.

의회는 따로 군대를 만들었다. 청교도와 급진파가 많이 들어갔다.

"왕한테서 양보를 얻어내려면 힘으로 밀어붙여야 합니다."

왕은 런던에서 도망갔다.

"양보하면 약해 보이거든요. 도망도 힘이 있을 때 쳐야 돼요!"

왕은 봉급은 제대로 못 주었지만 군대를 불러모았다. 이렇게 해서 3년 동안 '기사'처럼 차려입은 왕당파와 '박박머리' 청교도 의회군이 내전을 벌였다.

왕은 1646년 무기력하게 포로가 되었지만 의회는 왕을 왕으로서 예우해주었다.

"투덜 투덜 투덜"

인생은 투쟁

군대가 정치 이야기로 들끓는 동안 한 재야 학자는 『리바이어던』이라는 정치이론서를 쓰고 있었다.

1588년에 태어난 토머스 홉스는 파리로 망명한 잉글랜드 귀족 자녀를 가르치면서 살았다. 그리고 틈틈이 사색을 했다(1636년에는 갈릴레오도 만났다).

갈릴레오는 무엇보다도 낡은 생각을 집어던지라는 교훈을 홉스에게 남겼다. 『리바이어던』 첫 페이지에서도 벌써 갈릴레오의 영향이 느껴진다.

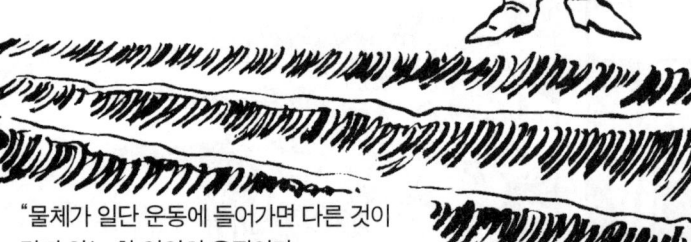

"물체가 일단 운동에 들어가면 다른 것이 막지 않는 한 영원히 움직인다. … 바다에서도 볼 수 있지만 바람이 그치고 난 다음에도 파도는 넘실거리는 움직임을 오랫동안 멈추지 않는다."

마키아벨리처럼 홉스도 종교, 명예, 도덕 같은 낡고 진부한 껍데기는 벗어던진다. 홉스가 보기에 결국 모든 것은 권력의 문제다. 사회가 나타나기 전 자연 상태에서는 사람들이 서로에게 어떤 권력을 갖고 있었는가라고 홉스는 묻는다.

보나마나 뻔하지요!

홉스를 비롯하여 이성을 믿은 여러 사상가에게 영향을 준 사상가는 르네 데카르트였다. 네덜란드에서 망명 생활을 하던 이 프랑스 철학자는 아침에 침대에서 사색을 하는 것이 취미였다.

갈릴레오가 낡은 생각을 벗어던지는 것을 보면서 데카르트는 이것을 자기의 방법론으로 삼았다. 모든 고정관념을 거부하고 오직 이성만으로 진리에 도달하자는 것이었다.

이 모든 것을 거부하면 나는 도대체 어디서 출발해야 하나? 데카르트는 생각하는 자신을 지켜보면서 "나는 생각한다, 고로 존재한다"는 결론을 내렸다. 데카르트는 그렇게 해서 유명해졌다.

혹시 내 말에 감동 먹고 철학과에 지망하러 가는 거요?

졸려서 자러 가는데요.

'자연 상태'라고 하면 어떤 것이 떠올랐을까? 홉스는 아메리카 원주민이 그렇게 살았다고 (잘못) 생각한 것일까? 아니면 식민지 개척자들이 통제력을 잃으면 돼지처럼 군다고 생각한 것일까?

자연 상태에서 사람이 안전하게 지낼 수 있는 유일한 길은 남들과 합의 내지는 계약을 맺고 어느 누구보다도 강한 힘을 가진 정부에게 권력의 일부를 넘기는 것이라고 홉스는 말한다.

잉글랜드 내전을 틀림없이 염두에 두고 한 말이겠지만 홉스는 강력한 군주만이 인민의 격정을 누를 수 있다고 말했다. 그것이 바로 리바이어던, 곧 정부라는 괴물이었다.

홉스는 자연 상태는 만인이 만인을 상대로 전쟁을 벌이는 상태라고 보았다. 모든 사람이 모든 사람으로부터 자신을 지켜야 했다.

자연 상태에서 사람은 누구나 똑같은 권력을 누린다고 홉스는 보았다. 약자도 머리를 써서 강자를 덮칠 수 있다. 도둑질과 무기는 사람을 평등하게 만든다는 것이다.

홉스에게는 적잖은 흠이 있었는데 그것은 가족이라는 사회적 연결망과 여자를 '망각'했다는 것이다. 그렇지만 프랑스의 왕당파는 또 생각이 달랐다. 그들은 홉스가 신을 망각했다고 보았다! 왕에게 통치권을 주는 것은 인민이 아니라 신이었다! 1651년 홉스는 신변의 위협을 느끼고 프랑스를 떴다.

홉스는 어수선한 잉글랜드로 돌아왔다. 5년 전까지만 하더라도 새로운 가능성이 끓어오르던 잉글랜드였지만 지금은…

"그대를 체포한다!"

1648년 국왕군이 쳐들어왔지만 붉은 군복을 입은 크롬웰의 군대는 격파했다. 이어 스코틀랜드, 아일랜드를 연파하고 과격파도 정리했다.

1651년 잉글랜드, 스코틀랜드, 아일랜드는 '청교도 연방'으로 합쳐졌고 크롬웰은 호국경 자리에 올랐다. 홉스는 군주제를 옹호한 것을 사과하고 다시는 그런 짓을 안 하겠다고 다짐했다!

"하지만 가만히 보세요! 내 말대로 강력한 정부가 나서니까 질서가 잡힌 거 아닙니까?"

"우리를 뽑은 건 인민이 아니라 신이라니까 말귀를 못 알아먹네!"

잉글랜드 내전 초창기였던 1644년에 시인 존 밀턴은 「아레오파지티카(대법관)」라는 논설에서 검열에 반대했다.

"사람을 죽이는 사람은 이성을 가진 생명체를 죽이지만 좋은 책을 짓밟는 사람은 이성 자체를 죽인다."

밀턴은 검열은 가톨릭교회나 하는 짓이라면서 열변을 토했다.

"전에 갈릴레오를 찾아간 적이 있었는데, 갈릴레오는 검열을 하는 프란체스코회, 도미니쿠스회의 우주관과 다른 생각을 가졌다는 이유로 옥에 갇혔다."

하지만 정작 밀턴도 크롬웰 밑에서는 검열에 관여했다. 그래서 크롬웰 정부가 무너지고 무거운 벌금을 내야 했다. 밀턴은 가난 속에서 이렇게 마음을 달래다가 눈을 감았다.

"하느님께서 바라는 것은 사람이 하는 일도 아니고 재주도 아니다."

"그저 가만히 서서 기다리는 사람도 하느님을 섬기는 사람이다."

타산적으로 삽시다!

잉글랜드에는 옥스퍼드와 케임브리지라는 유서 깊은 명문 대학이 있었다. 1600년대에는 하도 세상이 어지러워서 학자들은 종교적 이유로 채용되고 해고되기 일쑤였다.

"꺼져!" "내년이면 또 뽑을 거면서!"

1645년경 이런 풍토에 불만을 품은 과학자들이 보이지 않는 대학이라는 모임을 만들었다.

일주일에 한 번씩 만나는 이 모임의 철칙은 종교나 정치 이야기는 절대로 하지 않는다는 것이었다.

"자유로운 탐구 정신을 옥죄는 광신적 열정을 부추기는 말은 사양합니다."
"원의 면적을 구할 수 있다니까!"
"없다니까!"

모임을 이끈 과학자들은 프랑스에서 돌아온 찰스 2세에게 지원을 요청하여 호의적 반응을 얻었고 이름을 왕립학회로 바꾸었다. 이 단체는 그 뒤로 3세기 동안 유럽 과학을 주도했다.

"자유롭고 끈질긴 탐구는 어느 왕국에나 득이 되리니…"

"있어" "없어"

왕립학회의 쟁쟁한 과학자들을 잠깐 소개하면, 밤잠도 안 자고 수학에 몰두했던 존 윌리스는 56자리 숫자의 제곱근을 암산하면서 날밤을 새웠다. 윌리스는 홉스와 수학을 놓고서 서로 비방을 하느라 정력을 낭비했다.

"요상한 기호만 닭똥처럼 여기저기 갈겨놓은 책."
—홉스가 윌리스의 수학책에 대해서

귀족 로버트 보일은 공기 펌프로 실험을 하다가 기체의 탄성을 알아냈다. 보일은 물질이 작은 입자로 되어 있고 그 사이는 텅 비어 있다고 믿었다. 과학자들은 펄쩍 뛰었다.

"자연은 진공을 싫어한다니까! 같이 안 놀아!"

괴팍하고 두통에 자주 시달렸던 로버트 후크는 왕립학회의 실험기구를 관리했다. 기발한 아이디어는 많았지만 제대로 마무리 지은 것은 드물었다. 그리고 막상 남들이 결과를 내놓으면 툴툴거렸다.

"만유인력? 그것도 내가 생각한 거요!"

1666년 잉글랜드에 전염병이 돌자 시골에 별장이 있는 사람은 그곳으로 피신했다. 스물세 살의 케임브리지 수학자 아이작 뉴턴도 1667년까지 시골 별장에서 지냈다.

2년 동안 칩거하면서 뉴턴은 과학과 수학에 새바람을 일으켰다.

뉴턴은 물리학의 기본을 수학 법칙으로 정리하고, 정교한 실험으로 빛을 분석하고, 미적분을 창안하고, 미적분의 기본 공식을 발견했다. 그리고 이렇게 알아낸 결과를 몇 년 동안 책상 서랍에 넣고 묵혀두었다.

시대를 너무 앞서간 내용이었다. 『자연철학의 수학적 원리』라는 대작에서 뉴턴은 갈릴레오와 케플러가 본 모든 것을 조리정연하게 설명했다. 왕립학회는 뉴턴을 천재로 받들었다.

우주는 뉴턴의 방정식으로 돌아간다구요!

괴팍한 천재였던 뉴턴은 왕립학회를 이끌면서 국내외의 과학자들과 자주 다투었다.

후크는 나의 천재성을 무시하고, 라이프니츠는 미적분을 도둑질했고, 로크는 후크하고 너무 친해서 탈이고… 기타 등등.

천재면 다 저러는 건가?

이런 수학적 우주관은 정치에서도 드러났다. 잉글랜드는 주판알을 튕겨서 신교를 멀리하고 가톨릭 편에 붙었다. 종교를 따지는 것은 실속이 없어 보였다.

"우린 손해 보는 장사는 안 하거든요!"

간단히 말해서 찰스 2세는 프랑스를 좋아했기 때문에 네덜란드와 전쟁을 벌였다.

"프랑스는 어린 나를 거둬주었거든. 너무 감상적인가?"

"감상에도 논리는 있사옵니다, 전하."

지극히 타산적이었다! 네덜란드는 잉글랜드가 부러워 마지않던 해상 제국이었던 것이다. 사실 두 나라는 이미 한두 번 싸운 적이 있었다. 잉글랜드는 1664년 네덜란드로부터 맨해튼을 빼앗아서 이름을 뉴욕으로 바꾸었다.

잉글랜드는 아메리카로, 아프리카로, 인도로 밀고 들어갔다.

"제국이나 논리학이나 비슷해요. 한 계단을 올라가면 논리적으로 그다음 계단을 짓밟아야 하거든요."

아메리카 농장(담배, 쌀, 면화, 사탕수수)으로 아프리카 흑인을 실어나르기 바빴다. '인디언' 전쟁에서 포로로 붙잡힌 원주민도 농장으로 끌려갔다.

"잉글랜드는 자유를 목숨보다 중요시한다면서 우리한텐 왜 이래요?"

"자유는 마음대로 하는 거거든."

인디언 부족들은 충격을 받았다.
1676년 로드아일랜드의 나라간세츠족이 백인을
대륙으로 몰아내겠다며 기습 공격을 했다.

"광신도들한테서 이 땅을 되찾아야 합니다, 여러분!"

하지만 너무 늦었다. 식민지 정착민이 인디언보다 더 많았다. 뉴잉글랜드의 백인 무장단은 한겨울에 2만 명의 나라간세츠족을 죽였다. 전쟁은 싱겁게 끝났다.

"광신도들한테는 못 당하겠네."

그런가 하면 버지니아에서는 갈등을 줄이기 위해
총독이 나서서 백인이 인디언 땅을 빼앗는 것을 막았다.

"무슨 권리로 여기서 농사 짓는 거요?"
"무슨 권리로 묻는 거요?"

정착민들은 왕을 까는 구호를 외치면서
총독에 반기를 들었다.

"지들이 뭔데 이래라 저래라야!"
"주권은 우리한테 있는 거라구!"
"구호 좀 세련되게 못 만드나!"

한편 포트오렌지도 잉글랜드 손에 넘어가 이름도 올버니로 바뀌었다.
네덜란드 상인들은 여전히 이로쿼이족에게 총을 팔았다. 잉글랜드는 곤혹스러웠다.

"정말 아무 일 없는 거요?"
"우린 잉글랜드의 적하고만 싸운다니까 그러시네!"
"프랑스하고도 싸우잖소. 프랑스는 지금 우리 편이거든."
"지금이야 그렇죠. 하지만 길게 보자구요."

"어휴, 골치 아파! 입장 곤란해 죽겠네!"
"프랑스가 따지거든 '모르는 일'이라고 잡아떼셔요."

그 당시 유럽에서 가장 돈을 펑펑 쓰던 나라는 프랑스였다. 1648년 네 살의 나이로 왕위에 오른 루이 14세는 도로, 군함, 육군, 해군, 궁전, 의상, 가발, 분, 향수에다 돈을 쏟아부었다.

심지어 캐나다에까지!

앞서 보았지만 캐나다에서 세력을 확대하려던 계획은 모피상의 반발로 지지부진했다.

서두르지 마시라니까 그러네! 당신들이 들어가면 우린 뭘 먹고 살라고!

하지만 루이의 병사들은 기득권자들의 벽을 악착같이 뚫고 들어가서 나이아가라, 디트로이트, 수세인트마리에다 요새를 지었다.

프랑스 백성이 프랑스 군대의 손에 죽다니 이런 원통한 노릇이 어디 있단 말입니까, 폐하!

누구보다도 모험심이 강했던 르네-로베르 카블리에(일명 라살 공)는 카누를 타고 미시시피 강을 따라 멕시코 만까지 내려갔다.

뿌드득 뿌드득 뿌드득

빨리 돌아가자. 우리가 모피를 독차지할까봐, 시기하는 자들이 무슨 헛소문을 퍼뜨렸을지 모르거든.

라살은 처음에는 약간 괴짜라는 소리를 들을 정도였지만 수많은 적을 상대하다 보니 나중에는 피해망상에 시달렸다. 미시시피 강 하구에 요새를 지으러 떠난 2차 원정은 악전고투의 연속이었고, 결국 반란이 일어나 라살은 피살당했다.

무덤을 파헤치는 놈이 나타날까봐 눈을 못 감겠네요.

프랑스가 밀고 들어오자 잉글랜드도 이로쿼이도 심기가 불편했다.

휴런족을 무너뜨리고 나서 프랑스와 이로쿼이는 적대 관계를 청산했다.

도끼를 묻는 모습

프랑스가 서쪽으로 진출하자 이로쿼이도 덩달아 서진하면서 오하이오 강 너머의 부족들을 공격했다.

하지만 1680년이 되니까 프랑스의 팽창은 이로쿼이와 잉글랜드를 압박하고 있었다. 프랑스는 잉글랜드 식민지를 대서양 가까이의 좁은 띠 안으로 에워쌌다.

잉글랜드는 프랑스와 다시 싸우라고 이로쿼이를 부추기기 시작했다.

"우린 공식적으로는 프랑스와 친구니까 싸울 수가 없어요."

"정말 당신들은 못 말리는 야만족이구려!"

영토 팽창 사업에 들어가는 막대한 돈을 끌어모으기 위해 루이 14세는 1663년 장-밥티스트 콜베르를 재무장관으로 임명했다.

콜베르는 세금도 열심히 거두었지만 경제 발전에도 힘썼다. 정부는 도로를 닦았고 새로운 산업에 투자했으며 무역을 장려하고 노동자가 다른 나라로 못 가게 막았다.

"그러려면 길은 왜 만들었나요?"

한편 콜베르는 프랑스 제품을 최상품으로 만들기 위해 수많은 규제 조항을 만들었다. 제품을 검사했고 악덕 제조업자는 공개적으로 처벌을 받았다. 프랑스는 모든 면에서 일류로 알려지게 되었다.

"엉터리 옷으로 나라 망신시키지 마! 이 오랏줄처럼 질기게 만들면 좀 좋나!"

루이 14세의 눈에 들어온 세상은 환상적이었다. 도로, 정원, 베르사유에 들어설 으리으리한 궁전, 그리고 얼굴에 잔뜩 찍어 바르고 뿌리고 그곳을 가득 메울 귀족들. 비록 세금은 한 푼도 안 내지만.

잉글랜드에서도 희소식이 들렸다. 찰스 2세는 앓아누웠지만 왕위를 이어받을 동생 요크 공 제임스가 몰래 가톨릭으로 개종했다는 보고가 들어온 것이다!

희망에 부푼 루이는 앙리 4세가 90년 전에 신교도 위그노파를 보호하기 위해 만든 칙령을 취소했다.

20만 명의 위그노교도는 루이의 기대와는 달리 가톨릭으로 개종하지 않고 프랑스를 등졌다.

한편 잉글랜드에서는 왕이 가톨릭 신자라는 것은 말도 안 된다면서 흥분하는 의원들이 있었다.

휘그라는 이름으로 일컬어진 이 의원들의 지도자는 샤프츠버리 백작이었고 백작의 정치적 조언자는 존 로크라는 의사였다.

로크의 처방

로크는 보기 드문 사람이었다. 의사였지만 글을 잘 썼다. 로크가 잉글랜드에 내린 처방은 수많은 정부의 본보기가 되었다.

1632년에 태어난 로크는 자기가 옳다고 믿는 사람들이 자기가 옳다고 믿는 사람들을 죽이던 시대에 컸다.

아빠, 천당 갈 사람과 지옥 갈 사람이 다 정해져 있다는 예정설을 믿지 않는 사람은 왜 다 뒈져야 하는데요?

예수님 뜻이 그렇거든!

로크는 우리가 어떻게 무엇을 아느냐고 묻는다. 우리는 감각을 통해서 안다고 로크는 대답한다. 감각은 우리 마음에 인상을 남긴다. 태어났을 때 우리는 아무것도 모른다. 우리의 마음은 백지다. 눈과 귀를 통해서 들어온 것이 그 위에 쓰인다.

지식이 쌓이면 마음은 이것을 범주, 개념, 추상으로 분류한다.

"16장, 식물의 정체성에 대해서"

졸려…

다시 말해서 우리의 직접 경험으로 아는 것은 유한하다. 정해진 한도 안에서만 보고 듣고 만질 뿐이다.

따라서 무한한 것에 대한 '지식'에, 마음은 잠정적으로 조심스럽게 다가서야 한다. 신은 무한한 존재이므로 종교적 차이라는 것도 너무 불확실한 것인 만큼 그것을 놓고 옥신각신하기보다는 너그럽게 받아들여야 한다.

물론 가톨릭은 용서 못 하지요!

종교의 차이를 받아들이는 것 말고 정부는 또 무슨 일을 해야 할까? 여기에 답하기 위해 로크는 홉스를 따라 아득히 먼 옛날로 돌아간다.

로크가 생각한 자연 상태는 홉스보다는 덜 각박했다. '자연'인은 늘 죽이기만 하는 것이 아니라 때로는 그냥 훔치고 망신을 주고 입씨름하는 것으로 만족한다!

로크는 '자연'인은 자신의 권리와 자유를 정부에 넘겨서 안전을 도모한다는 홉스의 설에 동의한다.

질서를 지키기 위해 필요한 수준만큼만 국가에 권리를 양도할 뿐이다. 로크도 홉스처럼 리바이어던이라는 공권력을 요구하지만 사회 질서를 유지할 수 있는 최소한의 정부만 있으면 된다고 본다. 다시 말해서 개인은 자연권을 가지며 정부는 이것을 지켜주어야 한다.

어떤 왕당파는 로크의 자유주의 이념을 이렇게 반박했다. 사회는 가정과 같다. 전권을 가진 아버지가 가정의 중심이듯이 사회에서도 왕이 전권을 휘둘러야 한다.

로크는 이렇게 맞받았다. 아버지가 전권을 휘두른다? 어머니는 허수아비인가? 그리고 부모는 굽실거리기만 하는 졸이 아니라 책임감 있는 어른으로 자식을 키워야 할 사회적 의무가 있는 것 아닌가?

"부모가 아이에게 행사하는 권리는 자기 자식을 돌보아야 하는 의무에서 나온다."

여러 가지 약점이 있었음에도 로크에게 사람들이 호감을 품은 이유는 그런 주장 때문이었다.

로크 박사에게 가장 중요한 인간의 천부적 권리는
생명권, 자유권, 재산권이었다. 나의 생활 수단을
훔쳐가는 도둑은 나를 죽이는 것이나 다름없다!

로크에 따르면 재산은 일을 해서 손에 넣은 것이다.
우리는 씨를 뿌려서 거둔 곡식을 갖는다. 광산을 파서
광석을 갖고 기계를 만들어서 소유한다.

모든 경제적 가치는 노동에서 나오며
돈은 경제적 가치를 재는 공동의 잣대다.

따라서

정부는 사유재산을 보호하고 존중해야 한다.
도둑은 살인자로 취급해야 마땅하다. 내 뜻을
무시하고 나의 재산을 빼앗는 정부는 도둑이다!

정부는 재산을 소유한 사람들의 집단적 동의를
받아야만 세금을 거둘 수 있다. 곧 의회의 투표를
거쳐야 한다. 대표 없이는 과세도 없다는 원칙이었다.

왠지 낯익은 소리라는 느낌이 든다면 그것은 로크의
생각이 실제로 어느 정도는 현실화되었기 때문이다.
그것은 참으로 합리적으로 보여서 웬만해서는
비판을 하기가 쉽지 않아 보인다.

로크의 문제

1. 첫번째 원리는 좀 그렇다. 마음은 백지가 아니며 이런저런 회로가 처음부터 단단히 깔려 있다. 감각을 느끼는 것 자체도 현실을 단순히 담아내는 것이 아니라 복잡한 정신 활동이다.

로크가 상상하는 자연 상태는 결코 존재한 적이 없어요!

2. 로크는 재산이 노동에서 나온다고 말하지만 그것은 연장을 만드는 기술자나 땅에다 농사를 짓는 농부에게나 해당되는 소리다. 품을 파는 사람은 어떻게 되나? 하인은? 도제는? 노예는? 이들이 한 노동의 결실은 누가 소유하는가?

그야, 당연히, 어디까지나, 월급을 주는 것이고, 물론 노예는 아니지만…

3. 모든 경제적 가치가 노동에서 생기는 것이라면 대기, 바다, 강은 아무런 가치가 없다! 마을 사람 누구나 소를 풀어 먹일 수 있었던 잉글랜드의 '미개척' 공유지도 아무 가치가 없었다!

말도 안 돼!

(3. 계속) 로크 시대에는 이런 공유지를 사유지로 만들기 위해서 지주들이 부지런히 울타리를 세우는 것이 유행이었다. 로크의 이론에 따르면 이런 '개량' 행위는 토지의 소유를 정당화한다.

서민에게는 도둑질처럼 보였던 것도 로크와 휘그파에게는 개인이 하는 지극히 정상적인 투자 형태였다.

로크는 공공의 선보다는 개인의 권리에 더 관심이 많았단다!

4. 따라서 로크가 이상적으로 생각하는 정부는 사유재산은 보호해도 재산을 가진 사람들의 지나친 욕심으로부터 공익을 지켜내지는 못한다. 학교, 병원, 도로, 복지 같은 공익사업을 벌이지도 않는다.

어디나 문제는 있는 법이죠!

휘그의 정책은 잉글랜드의 봉건 영주만이 아니라 자산가, 특히 조선업자, 제조업자, 노예상, 광산주 같은 사업가에게도 유리했다.

쩝!

유리한 여건을 이어가기 위해 의회는 왕이 꼭 부르지 않더라도 꼬박꼬박 모였다. 의회의 지배력은 갈수록 커졌다!

정말 왕을 이렇게 무시해도 되는 겁니까?

그렇지만 땅에서 쫓겨나는 농민은 갈수록 늘어났고 공장은 이들을 도시로 불러들였다. 사유재산을 못 누리는 사람들이 점점 늘어났다.

노상강도는요? 그것도 늘어났지요.

그러니까 변변한 일자리를 못 가진 사람이 부지기수였다.

우리 같은 사람은 언제나 재산을 가져보나요, 자연 타령하는 아저씨?

돈을 쓰는 데 동의했다는 건 불평등에 동의했다는 뜻이오!

로크는 실제로 그렇게 생각했다!

1685년까지도 루이 14세는 기대에 한껏 부풀었지만 결과는 실망스러웠다! 마음이 통했던 제임스 2세는 밀려났고 신교도가 권력을 잡았다. 더 고약한 것은 의회가 잉글랜드를 다스린다는 사실이었다.

허, 장사꾼들이 뭘 안다고…

잉글랜드에서는 이익을 챙기기 위해 너도나도 한자리에 모였지만 프랑스에서는 누구도 감히 모임을 가질 생각을 못 했다.

결과를 책임 못 지거든!

루이 14세는 전쟁을 할 수밖에 없었다.

여러분 같으면 안 그러겠수? 물론 여러분 생각 따위는 궁금하지 않지만서두.

전쟁으로 달라진 건 하나도 없었다. 잉글랜드는 여전히 휘그파 세상이었고 프랑스는 여전히 가톨릭 중심이었고 정부 규제가 강했다. 프랑스와 잉글랜드의 힘겨루기는 해외로도 이어졌다.

잉글랜드는 왜 우리를 못 잡아먹어서 안달일까, 솔직히 너무하는 거 아냐?

루이는 노년에 우환이 겹쳤다. 사랑하던 자식, 손자, 사위가 줄줄이 병으로 쓰러졌다. 1715년 루이가 세상을 뜨자 왕위는 이름이 같았던 증손자에게 돌아갔다. 루이 15세였다.

1600년대 후반 캐나다의 비버 무역이 철퇴를 맞았다. 모피 모자 인기가 시들해진 것이다. 하지만 회사는 규정에 따라 몬트리올로 들어오는 모피를 정해진 가격으로 사들여야 했다!

끙!

매출이 뚝 떨어지자 프랑스 정부는 기발한 착상을 했다. 털모자를 열대 카리브 해에서 팔자는 아이디어였다!

누굴 바보로 아나.

사모님 모자

결국 회사는 재고를 몽땅 태워야 했다. 60만 파운드어치의 비버 가죽이 연기로 날아갔다.

50년

1700년대 전반기의 상황은 다음과 같았다.

영국이 한창 잘나갔지만 대부분의 유럽인에게 문화와 유행을 선도하는 나라는 프랑스였다. 러시아 황제 표트르 대제는 귀족들에게 수염을 깎고 프랑스어를 배우라고 명령했다.

중국과 일본은 내부를 추스르기에 바빴다. 물론 중국은 예수회를 여전히 환영했다.

오토만 튀르키예는 1683년 빈 함락에 또다시 실패했다. 튀르키예 깃발에 그려진 초승달 모양으로 구워진 크루아상이라는 빵이 등장한 것도 이 무렵이었다.

영국과 프랑스는 인도에서 경쟁적으로 무역 교두보를 확대하고 현지 자국민을 보호하기 위해 인도인 사병을 거느렸다. 허약한 무굴 제국은 변변한 저항 한번 못 했다.

아프리카로 진출한 잉글랜드와 네덜란드는 현지에 돈이 모자란다는 사실을 알아차렸다. 아프리카인은 감으로 물건을 사고팔았지만 소액의 동전은 없었다.

— 잔머리 좀 굴려볼까!
— 잔돈을 만들어서…
— 어떻게요?

그래서 유럽인은 개오지를 잔돈으로 들여왔다. 개오지는 인도양의 작은 섬에서 나는 조개인데 해마다 다시 자란다.

— 이런 걸 돈으로 쓴다니 오래 살고 볼 일이야!

인도에서 캐낸 수십억 개의 개오지는 런던과 암스테르담의 창고로 실어갔다. 유럽 상인들은 이것을 필요에 따라 조심스럽게 서아프리카로 유통시켰다. 아프리카에는 지금도 개오지를 돈으로 쓰는 데가 있다!

— 와! 저 지도는 얼마나 해요?
— 가격을 몰라서 못 팔겠네요.

영국 국방장관 윌리엄 피트는 적이 어디에 있든, 적이 누구든, 비용이 얼마나 들든 영국의 세력을 넓히기로 굳게 마음먹었다.

반면 프랑스는 20만 대군을 독일로 보냈다!

프로이센의 프리드리히가 프랑스, 스페인, 러시아와 동맹을 맺은 오스트리아의 영토를 일부 차지하자 세 나라가 뛰어들었다.

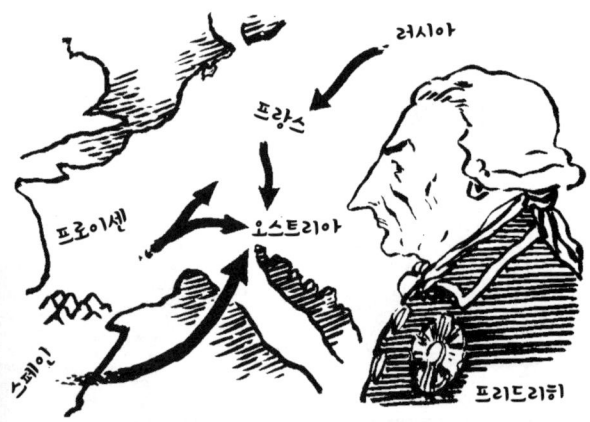

그래서 1만 명의 병력을 아메리카로 보냈다.

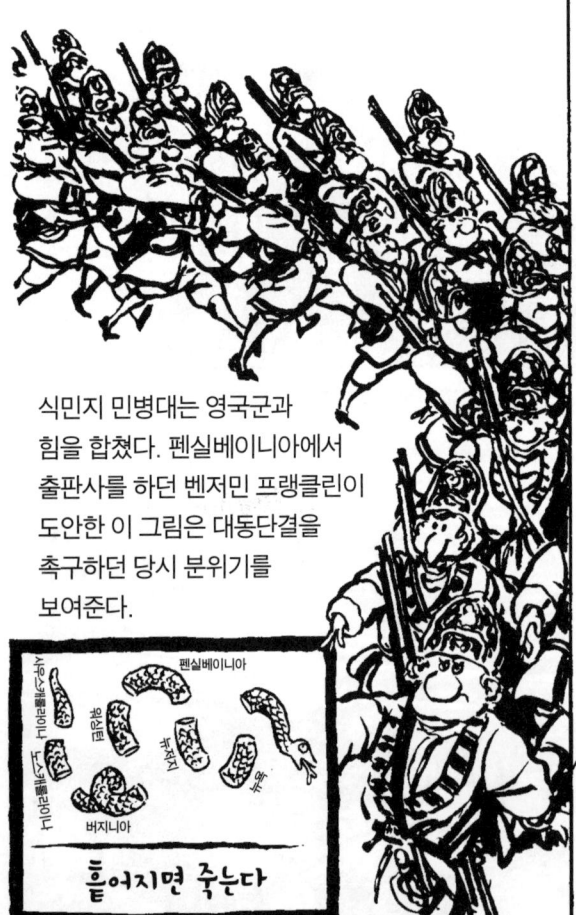

식민지 민병대는 영국군과 힘을 합쳤다. 펜실베이니아에서 출판사를 하던 벤저민 프랭클린이 도안한 이 그림은 대동단결을 촉구하던 당시 분위기를 보여준다.

프랑스는 캐나다를 잃는 것보다 통일된 독일을 더 두려워한 것이다.

루이 15세의 정부였지만 왕이 게으른 탓에 이제는 프랑스를 통치하게 된 퐁파두르 부인.

한편 바다 건너 인도에서도 영국은 프랑스 교역소를 공격했다. 인도인으로 구성된 영국의 '세포이' 용병은 1763년 벵골의 플라시에서 벌어진 전투에서 인도 제후의 군대를 눌렀다.

프랑스는 유럽에서도 타격을 받았다. 프리드리히가 이끄는 프로이센이 끝까지 버텨낸 것이다. 이 전쟁으로 인한 사망자는 80만 명에 이르렀다.

1평방마일당 4천 명이 죽었고 보통 전투 범위가 1평방마일이었고 전투가 모두 200번 있었으니까 곱하기 200 하면…

프랑스가 유럽에 발목이 묶여 있는 동안 영국군과 식민지 민병대는 아메리카 중북부의 호수 지대와 캐나다를 휩쓸더니 여세를 몰아 퀘벡까지 밀고 올라갔다. 1760년이 되면 프랑스는 루이지애나만 달랑 남게 되고 캐나다에서 쫓겨난 프랑스 주민들은 그리로 몰려들었다.

결국 1763년에 가서 프랑스는 모든 것을 잃었다. 프로이센은 강대국이 되었고 영국의 식민지는 두 배로 늘어났다.

음악으로나 시름을 달랩시다, 부인!

대단하구만 피트 총리, 앞으로의 계획은?

당장은 뭐, 딱히…

오잉!

전쟁 결과는 이로쿼이, 마이애미, 일리노이 같은 인디언 부족에게도 충격이었다. 한 세기 만에 처음으로 영국이라는 유럽의 강대국 하나만을 상대해야 했던 것이다.

전에는 영국이 평화 협상을 맺을 때는 인디언에게 꼭 선물을 주었지만 이제는 국물도 없었다.

그래서 프랑스가 떠나고 나서 인디언은 서쪽에서 영국군과 자주 충돌했다.

그 와중에 아주 고약한 일도 있었다. 영국군을 지휘한 제프리 암허스트 장군은 인디언에게 천연두 균이 묻은 담요를 주었다.

하지만 결국 영국은 뜻을 못 이루었고 인디언은 땅을 지켰다. 선물도 다시 주었고 아메리카는 평화를 되찾았다.

전쟁은 모든 것을 바꿔놓았다. 프랑스의 위협이 사라진 마당에 식민지는 더 이상 영국을 원하지 않았다! 게다가 인디언 쪽으로 땅을 더 넓혀나가는 데도 영국은 식민지 주민에게는 걸림돌만 되었다.

영국 의회에서도 전쟁이 시작될 때부터 이미 그 점을 경고하면서 피트의 정책을 비판한 사람들이 있었다. 영국이 프랑스를 아메리카에서 몰아내면 아메리카의 독립은 시간문제라는 것이었다!

전쟁에서 무조건 이기는 게 다가 아니라구, 이 양반아!

헛소리 마.

아니나 다를까, 영국이 국방비를 좀 지원해달라고 요구하자 식민지 주민은 거세게 반발했다.

대표도 못 보내는데 무슨 놈의 과세!

본국 정부는 모든 상업 거래에 인지를 붙여 돈을 받으려 했지만 보스턴 주민은 인지를 불태웠다. 차에도 세금을 매기려 하자 차를 바다로 던졌다.

영국은 보스턴 항구를 폐쇄하고 질서 회복을 위해 군대를 투입했지만 뜻대로 되지 않았다.

물러가라!

북부에서 남부까지 아메리카 전역에서 '애국' 운동이 거세게 일어났다. 여기저기서 민병대가 만들어져 훈련을 했다.
정치인들은 도시에서 시위를 주도했다. 정보를 공유하고 행동을 통일하기 위해 대책위원회도 만들어졌다.

다음 절차는? 영국은 싸움을 할 만한 군사력이 아직 충분했지만
전쟁에 염증을 느낀 영국 여론은 반전으로 기울었다.
1782년 의회는 평화를 선택했다.

1783년 9월 영국 정부는 아메리카의 테러리스트, 아니 자유의 투사들과 평화협정에 조인했다.
너무나 일방적으로 불리한 내용이라서 화가 난 영국 대표는 그림도 못 그리게 했다.

영국은 캐나다는 지켰지만 사탕수수가 잘 되는 노른자위 섬들은 프랑스에게 내주었다.

지들끼리 잘 먹고 잘 살라 그래!

영국은 아메리카 서부에 대한 영유권도 포기했다. 그곳에 미리 터전을 닦은 사람들은 실망을 금치 못 했다.

식민지들은 하나둘 독립하여 아메리카 국가연합을 결성했다. 일찍이 유럽에서 만들어진 네덜란드 지역연합과 비슷한 발상이었다.

튤립 투기 광풍 같은 것만 조심하면 잘 풀리겠지.

의회는 네덜란드 통치 체제도 본따서 연합규약이라는 것을 만들었다.

규약에 따라 각 주는 하고 싶은 대로 할 수 있었지만 중앙 의회는 세금을 매기거나 법을 집행할 수 있는 권리도 못 누렸다.

네덜란드는 땅덩어리가 작은 데다 암스테르담이라는 구심점이 있었고 공생의 전통이 있었다. 반면 아메리카는 해안선이 수천 마일이 넘었고 구심점도 없었으며 상부상조의 역사가 지극히 짧았다.

그래서 아메리카 전체에서 통용되는 지폐도 없었고 국민군도 없었고 국경만 넘어가면 빚을 받아낼 방도가 없었고 의회를 꾸려나갈 돈도 없었고 상류층과 하류층의 합의도 찾아보기 어려웠다.

그래서 독립 전쟁이 끝난 뒤 의회는 연합규약을 '수정'하기 위한 위원회를 만들었다.
비밀리에 열린 이 모임에는 아메리카에서도 쟁쟁한 학벌을 가진 부호들도 들어갔다.
위원회는 연합규약을 완전히 폐기하고 영국식 요소를 받아들이기로 했다.

더 정확히 말하면 영국식에다 프랑스인 몽테스키외♪남작의 사상에다 아메리카의 실정을 뒤섞은 것이었다.

그래서 세 부분으로 나뉜 강력한 중앙 정부가 만들어졌다. 입법부는 법을 만들고 행정부는 법을 실천하고 집행하며 사법부는 법을 해석했다.

대통령: 군통수권자이며 행정부를 이끌고 판사들을 임명한다.

의회: 법을 만들고 세금을 매기며 전쟁을 선포한다.

사법부: 갈등을 조정하며 범법자를 처벌한다.

각 부는 다른 두 부와는 독립적으로 굴러간다. 그러니까 다른 두 부에 대한 견제력을 갖는다.

요컨대 정부의 한 부분이 커져서 무소불위의 권력을 휘두르지 못하게 하자는 데 목적이 있었다.

- 대통령은 군대를 지휘하지만
- 전쟁은 의회가 선포한다
- 법은 의회가 통과시키지만
- 대통령은 거부권을 행사할 수 있고
- 의회는 그것을 다시 뒤집을 수 있다
- 대통령은 판사를 임명하지만
- 의회의 승인을 받아야 한다
- 판사는 종신직이지만
- 의회는 비리를 저지른 판사를 탄핵할 수 있다.
- 왜 피하실까? 찔리는 거라도 있어요?

몽테스키외(1689~1755)는 『법의 정신』에서 견제와 균형의 원리로 굴러가는 제도를 소개했지만 왕이 무소불위의 권력을 휘두르는 프랑스에서는 인기가 없었다.

생각은 멋대로 해도 좋은데 주둥아리는 닥쳐!

몽테스키외는 여자의 토지 상속권을 인정하지 않는 프랑스의 법 전통도 비판했다. 프랑스에서는 그래서 여왕이 못 나왔다.

너무한 거 아니오?

반면에 잉글랜드는 여왕을 여섯 명이나 배출했다. 그런데 영국식 제도를 받아들였다는 미국에서 여성 대통령이 한 명도 안 나온 것은 납득이 안 간다.

그래도 FBI 국장은 저희가 한 번 했죠, 호호.

헌법은 자유에 바탕을 둔 공화국 안에 노예제가 있다는 묘한 현실도 고려해야 했다.

북부에서 사는 노예도 있었지만 대부분은 남부에서 살았다. 남부 주민의 절반은 노예였다. 그런데 인구는 북부가 남부보다 훨씬 많았다.

혹시라도 투표로 노예제를 금지시킨다든지 하여 북부가 남부를 엿먹이지 못하게 하려면 어떻게 해야 할까?

헌법 초안을 만든 사람들은 이렇게 메스꺼운 타협을 했다. 의회 선거와 대통령 선거에서 남부는 투표권을 더 가진다는 것이었다. 노예의 60퍼센트를 '기타 주민'으로 분류해서 주인에게 투표권을 주기로 했다.

이런 내용으로 대충 얼버무린 헌법 초안을 의회로 보냈다.

헌법 초안을 놓고 신문을 통해 활발한 논쟁이 벌어졌다. 비판가들은 헌법이 시민을 괴롭힐 수 있는 권력을 정부에게 주었다고 지적했지만 지지자들은 역사와 이성에 근거를 두고 때로는 조롱을 섞어가면서 반론을 펼쳤다.

"권력을 소유한 모든 인간, 모든 인간 집단은 어떻게 해서든 권력을 확대하려고 하고 거기에 걸림돌이 되는 모든 것을 압도하는 우월한 지위를 쟁취하려는 성향을 보인다. 인간의 본성에 뿌리를 둔 이런 기질은 연방법 안에서도 발휘되어서 국가의 권위를 약화시키고 종국적으로는 국가를 무너뜨릴 것이다."

"만약 연방이 해체되었을 경우 각 주들을 전쟁으로 몰아넣을 유발 요인이 무엇이겠느냐고 은근히 자신감을 드러내면서 물어보는 경우가 간혹 있다. 시대는 달라도 이 세상 모든 나라를 유혈극으로 몰아넣었던 그런 유발 요인과 똑같다고 대답하면 완전한 답변이 되지 않을까 모르겠다."

이런 논설을 읽으면 오늘날의 토론 수준이 얼마나 낮아졌는지를 실감한다.

"피고가 건장하고 잘생긴 남자일 경우 여자를 배심원으로 뽑아서는 안 됩니다."

"닥쳐요!"

"그때만 하더라도 우린 그 후보가 호모처럼 반반한 얼굴에 한 입으로 두말하는 그런 사람 정도로만 알았는데 알고 보니 정신병자가 아니겠습니까."

"무조건 인건비가 싼 나라로 공장을 옮겨야 합니다!"

결국 비판가들은 헌법 수정을 요구했다. 독재를 막기 위한 견제 장치가 10조에 걸쳐 마련되었고 각 주는 수정 헌법에 서명했다.

다음!

연방 정부의 힘이 강하지만 각 주는 상당한 자율권을 갖는다. 가령 버몬트 같은 경우에는 주의 지위를 얻으니 모든 공직자는 신교도라야 한다고 못박은 법을 만들었다.

그 법 나 때문에 만든 거지, 그치?

당연하지!

버몬트의 혁명 지도자였던 에단 앨런은 소금 한 가마니를 입으로 번쩍 들어올릴 만큼 장사에다 카리스마가 넘쳤지만 그만큼 견제도 많이 받았다! 그는 강한 주장이 담긴 철학서를 썼는데 이것을 못마땅하게 여긴 사람이 인쇄소를 찾아내서 책을 모두 불살랐다.

확고한 불가지론자였던 앨런은 종교 선서를 한사코 거부했다. 그는 의사당 문밖에 앉아서 버몬트를 이끌었다.

왜 좀 들어와서 깐죽거리시지 않고?

욕 나올까봐 소금 가마니 물고 있어.

이렇게 해서 혁명에 대한 열정과 정치 이론의 뒷받침 아래 새로운 실험이 대대적으로 시작되었다. 거기서 어떤 결과가 나올 것인지 온 세상이 촉각을 곤두세웠다.

> 우주 안에서는 코딱지만 한 지구인데 바람 잘 날이 없구나.

BOOKS, SITES, ETC.

참고문헌 　 인터넷 사이트

등등

『포토시 이야기 Tales of Potosí』, Bartolome Arzáns de Orsua y Vela 지음,
R. C. Padden 엮음, F. M. Lopez-Morillas 옮김,
Providence, RI : Brown University Press, 1975. 역작!

『바부르나마 The Baburnama』, Babur 지음, W. M. Thackston 옮김,
New York : Oxford U. Press, 1966. 아름다운 삽화가 들어 있는
황제의 회고록.

『네덜란드사와 농민 The Pageant of Netherlands History』, Adriaan J. Barnouw 지음,
New York : Longmans, Green, & Co., 1952.

『잉카 이야기 Narrative of the Incas』, Juan de Betanzos 지음, R. Hamilton & D. Buchanan 옮김,
Austin, TX : University of Texas Press, 1996.

『네덜란드 민족사 History of the People of the Netherlands』, P. J. Block 지음,
O. Bierstadt & R. Putnam 옮김, New York : G. P. Putnam's Sons, 1권, 1898,
2권, 1899, 3권, 1900. 길고 들쭉날쭉하고 군데군데 번역이 부실하다.

『존 로크의 생애 The Life of John Locke』, H. R. F. Bourne 지음, 1, 2권,
New York : Harper & Brothers, 1876. 존경심은 느껴지지만 가슴을 치는 내용은 없다.

『네덜란드 해상 제국 The Dutch Seaborne Empire 1600-1800』,
Charles R. Boxer 지음, New York : Alfred A. Knopf, 1965.
본문보다는 서론이 더 뛰어나다는 느낌을 받을 때가 있다.

『포르투갈 해상 제국 The Portuguese Seaborne Empire 1515-1825』, Charles R. Boxer 지음, New York : Alfred A. Knopf, 1969.

『살바도르 데 사와 브라질 · 앙골라 쟁탈전 Salvador de Sa and the Struggle for Brazil and Angola 1602-1686』,
Charles R. Boxer 지음, London : The Athlone Press of the University of London, 1952.
아주 흥미로운 책. 포토시를 다른 각도에서 보는 재미도 쏠쏠.

『서인도제도사 History of the Indies』, Bartolomé de Las Casas 지음, Andree Collard 옮김, New York : Harper and Row, 1971.

『코로나도 원정기 The Journey of Coronado』, Pedro Castañeda 지음, G. P. Winship 옮김, Readex Microprint Corp., 1966.

『시계와 문화 Clocks and Culture 1300-1700』, C. M. Cipolla 지음, New York : Walker and Company, 1967.
마테오 리치가 중국에서 시계에 대해서 한 말이 인용되어 있다.

『영국인, 나라 만들어내기 Britons, Forging the Nation 1707-1837』, L. Colley 지음, New Haven : Yale University Press, 1992.
하버드를 박차고 나온 뛰어난 여성 학자.
너무 잘 쓴다!

『아메리카 1차 항해기 Journal of First Voyage to
America』, Christopher Columbus 지음,
Freeport, New York : Books for Libraries Press, 1971.
거의 믿지 못할 일을 믿게 한다.

『다섯 통의 편지 Five Letters, 1519-1526』, Hernan Cortés 지음, J. B. Morris 옮김,
New York : W. W. Norton, 연대 미상. 정복자의 육성으로 듣는 자기 정당화.

『위그노 전쟁 The Huguenot Wars』, Julien Coudy 지음, J. Kernan 옮김,
Philadelphia : Chilton Book Co., 1969. 손에 땀을 쥐게 하는 일인칭 증언이
많다. 가죽을 삶아 먹는 조리법도 나와 있으니 혹시 나중에 포위당했을 때 써먹으시길.

『아스텍인 The Aztecs』, Norman, Nigel Davies 지음, OK : University of Oklahoma Press,
1980. 전체 그림을 잘 보여주면서도 논증이 탄탄한 역사서.

『포르투갈 제국의 기초 Foundations of the Portuguese Empire, 1415-1580』,
B. W. Diffie & G. D. Winius 지음, Minneapolis : University of Minnesota Press.
두 저자의 시각이 서로 꼭 맞아떨어지지는 않는다.

『포르투갈 이야기 : 탐험과 발견의 3세기 The Portugal Story : Three Centuries of Exploration and Discovery』,
John Dos Passos 지음, Garden City, New York : Doubleday, 1969.
이 시기에 포르투갈어로 쓰인 많은 기록을 잘 정리했다.

『마야 왕들의 잃어버린 이야기 The Lost Chronicles of the Maya Kings』, David Drew 지음,
Berkeley : University of California Press, 1999.

『콜럼버스 이전의 예술 Pre-Columbian Art』, Michael Grey 지음,
New York : St. Martin's Press, 1978. 세계 박물관을 모두 돌아다닐 시간이 없거든
이 책을 읽어보시길!

『정복 그림 Painting the Conquest』, Serge Gruzinski 지음, D. Dusenberre 옮김,
Paris : Flammarion/Unesco, 1992. 매혹적인 그림이 한가득 있고 멕시코의 전통 기록 중에서
콜럼버스 이후에도 살아남은 글이 군데군데 실려 있다.

『노예무역을 지탱한 껍데기 돈 The Shell Money of the Slave Trade』, Jan Hogendorn & Marion Johnson 지음,
Cambridge, UK. : The Cambridge University Press, 1986. '가까이에서 보면 별 볼일 없는 작은 골뱅이' 껍질의 그동안
별로 안 알려진 무역을 치밀하게 파헤친 훌륭한 책.

『천문학 Astronomy』, Fred Hoyle 지음, New York : Doubleday, 1962.
코페르니쿠스가 실제로 한 일을 어느 누구보다도 알기 쉽게 해설한 책.
하지만 프톨레마이오스에 관한 부분은 약간 어지럽다.

『1585년의 아메리카, 존 화이트 화집 America 1585, the Complete Drawings of John White』,
Paul Hulton 지음, Chapel Hill : University of North Carolina Press, 1984.
처음 버지니아에 간 식민단 중에는 이 뛰어난 수채화가도 들어가 있었다.

『프랜시스 드레이크 경, 여왕의 해적 Sir Francis Drake, the Queen's Pirate』,
Harry Kelsey 지음, New Haven : Yale University Press, 1998.
불세출의 영웅을 구제 불능의 악당으로 그린다.

『스페인령 페루 Spanish Peru, 1532-1560』, James Lockhart 지음, Madison, Wisconsin : University of Wisconsin Press, 1968. 분석력이 돋보이는 이 분야의 전문가.

『군주론과 담론 The Prince and the Discourses』, N. Machiavelli 지음, New York : Modern Library, 1950. 배꼽 빠질 만큼 재미있다.

『기니 황금 왕국의 어제와 오늘 Description and Historical Account of the Gold Kingdom of Guinea(1602)』, Pietr de Marees 지음, A. van Dantzig & A. Jones 옮김, Oxford : Oxford University Press, 1987. 아프리카 현지까지 날아간 네덜란드인 저자는 포르투갈인에 대해서 좋게 쓸 소재를 못 찾아낸다.

『예수회 The Jesuits』, David Mitchell 지음, New York : Franklin Watts, 1981.

『법의 정신 The Sprit of the Laws』, Montesquieu 지음, Cambridge, England : Cambridge U. Press, 1989. 형언할 수 없는 학문의 본질적 의미를 담고 있다.

『북아메리카의 프랑스와 잉글랜드 France and England in North America』, Francis Parkman 지음, 1-2권, New York, Library of America, 1983. 분량은 3000쪽으로 두껍지만 읽으면 피가 되고 살이 된다.

『페루 왕국 발견 정복 전말기 Relation of the Discovery and Conquest of the Kingdoms of Peru』, Pedro Pizarro 지음, 1권, P. A. Means 옮김, New York : Cortes Society, 1921. 정복자의 사촌이 쓴 책.

『멕시코 정복사와 페루 정복사 History of the Conquest of Mexico and History of the Conquest of Peru』, William H. Prescott 지음, New York : Modern Library, 연대 미상. 자세하지만 치우쳐 있다.

『가르강튀아와 팡타그뤼엘 The Histories of Gargantua and Pantagruel』, F. Rabelais 지음, Baltimore, MD : Penguin Books, 1967.

『멘도사 사본, 아스텍 문서 Codex Mendoza, Aztec Manuscript』, Kurt Ross 엮음, Miller Graphics, 연대 출판지 미상. 정복자의 손에 불살라지지 않고 남은 몇 안 되는 멕시코 책의 한 권을 일별한다.

『페루 정복담 An Account of the Conquest of Peru』, Pedro Sancho 지음, P. A. Means 옮김, New York : Cortes Society, 1917. 피사로의 비서가 쓴 책.

『곤혹스러운 재물 The Embarrassment of Riches』, S. Schama 지음, New York : Vintage Books, 1997. 아주 감칠맛이 있지만 역사적 배경을 모르는 사람에게는 책의 구성이 좀 어지럽게 보일 수 있다.

『험난한 역정 Rough Crossings』, S. Schama 지음, New York : HarperCollins, 2006. 독립 전쟁기에 주인한테서 도망친 노예들의 가슴 뭉클한 이야기를 자세히 들려준다.

『연합네덜란드의 반란 The Revolt of the United Netherlands』, F. Schiller 지음, A. J. A. Morrison & L. D. Schmitz 옮김, London : George Bell & Sons, 1897. 가슴은 뜨겁지만 내용은 부실.

『스페인 정복 전야의 아스텍 일상생활 Daily Life of the Aztecs on the Eve of the Spanish Conquest』, Jacques Soustelle 지음, P. O'brian 옮김, Stanford, CA : Stanford University Press, 1961. 연민이 묻어나오는 자세한 이야기. 어쩌면 연민이 지나친 듯한 느낌도.

『정복, 몬테수마, 코르테스, 늙은 멕시코의 함락 Conquest, Montezuma, Cortes, and Fall of Old Mexico』, Hugh Thomas 지음, New York : Simon & Schuster, 1993. 흡인력 있는 문체에 균형 잡힌 판단력이 돋보이는 책.

『노예무역 The Slave Trade』, Hugh Thomas 지음, New York : Simon and Schuster, 1997.

『잉카인 The Incas』, Garcilaso de la Vega 지음, Maria Jolas 옮김, New York : Avon, 1961.
스페인어로 교육을 받은 잉카인이 정복이 이루어지고 나서 살아남은 친척들을 만나보고 적은 둘도 없는 역사 기록. 저자는 세르반테스가 등장하기 전까지 스페인 최고의 작가로 손꼽혔다.

『30년 전쟁 The Thirty Years War』, C. V. Wedgewood 지음, Gloucester, MA : Peter Smith, Inc., 1969.
전쟁의 지루한 교착 상태와 끔찍한 살상극을 자세히 그린다. 1930년대에 씌어졌으니까 성격적으로 비슷한 1차 세계대전을 다분히 염두에 두었을 듯.

●

이 책을 쓰면서 어느 때보다 인터넷에서 많은 도움을 얻었다. 모든 출처를 다 밝힌다는 것은 불가능하므로 다만 자료 검색을 지혜롭게 하면서 자료의 신뢰도를 꼼꼼히 비교해보라는 원칙만 밝힌다. 특히 도움이 되었던 사이트는 다음과 같다.

Álvar Núñez Cabeza de Vaca, http://ojinaga.com/cabeza/ 이 모험가의 일기를 모두 번역해놓았다.

Laurence Hutton Collection of Life and Death Masks, http://libweb.prineton.edu/libraries/firestone/rbsc/aids/C0770/index.html/ 실존했던 인물의 실제 얼굴!!! 크롬웰, 엘리자베스 1세 등. 검색을 하면 더 많은 자료가 나온다.

The MacTutor History of Mathematics, http://turnbull.mcs.st-and.ac.uk/history/ 유명한 수학자의 전기가 링크되어 있다.

Wikipedia, http://en.wikipedia.org/ 훌륭한 이미지 자료와 논문이 많다. 다른 언어로도 검색을 해보라. 가령 프랑스어로 프랑스사를 찾아본다든가.

옮긴이의 말

래리 고닉의 『세상에서 가장 재미있는 세계사』 4권은 1500년 전후로 유럽인이 신대륙을 발견하고 아메리카에 뿌리를 내린 개척민들이 영국으로부터 독립하는 1700년대 후반까지의 근대사를 다룬다. 세계사를 서양 중심의 시각에서 벗어나 최대한 비서양인의 입장에서 바라보려는 태도는 3권까지 일관되게 유지해온 저자의 관점이지만 이 4권에서 그 노력이 더욱 빛난다.

아스텍이나 마야, 잉카 제국은 콜럼버스나 코르테스 같은 모험가와 정복자가 있기 전에도 엄연히 자기들의 전통을 지니고 살아온 인간 공동체였다는 새삼스러운 사실을, 독자는 래리 고닉의 이 지역 역사와 정치, 사회 현실에 대한 친절한 설명에서 깨닫는다. 이 변방 지역의 역사를 래리 고닉만큼 꼼꼼하고 실감나게 쓴 세계사 책은 적어도 내가 알기로는 없다. 그것은 분량에서도 드러난다. 아메리카 대륙에서 벌어진 이야기가 이 4권 전체 분량의 3분의 1 가까이를 차지한다. 신대륙 말고도 인도에서 무굴 제국을 세운 아프가니스탄의 이슬람교도 이야기, 이슬람교와 힌두교의 융화를 위해 노력한 시크교 이야기, 세계 일주에 처음 성공한 사람은 서양인이 아니라 백인에게 노예로 팔려 인도를 거쳐 포르투갈까지 갔다가 거기서 다시 스페인 배를 타고 아메리카를 거쳐 필리핀으로 되돌아간 한 필리핀 원주민이었다는 이야기 등 보통의 세계사에서는 접하기 힘든 이야기가 하나 둘이 아니다.

래리 고닉은 서양 중심적 관점에서만 벗어나려고 노력한 것이 아니다. 같은 서양 안에서도 흔히 앵글로색슨이라고 말하는 미국이나 영국의 일방적 시각에서 역사를 보지 않으려고 노력한다. 그래서 포르투갈이 1400년대 초반부터 아프리카 해안선을 누비고 다닌 이야기, 네덜란드가 오랫동안 스페인의 식민지였던 상처를 딛고 특유의 관용주의와 협동심으로 세계 무역의 강자로 솟아오른 이야기, 아메리카를 먼저 적극적으로 개척하고 인디언과 훨씬 폭넓게 교류한 나라는 영국이 아니라 프랑스였다는 이야기, 해가 지지

않는 제국을 건설했다고 자랑하던 영국도 1500년대 초반에는 주로 스페인이나 네덜란드 무역선을 좀도둑처럼 약탈하면서 연명했다는, 앵글로색슨 중심의 세계사에서는 보기 힘든 이야기가 풍성하게 실려 있다.

근대로 내려올수록 역사는 정리하기가 간단치가 않다. 한 나라의 역사도 그런데 하물며 세계사임에랴! 알려진 사건들도 고대나 중세보다 훨씬 많은 데다가 대항해 시대 이후로 전 세계가 배를 통해 연결된 이후로는, 뉴욕에서 나비 한 마리의 날갯짓이 태평양 건너에서 폭풍을 일으킨다는 정도는 아니더라도, 복잡한 인과관계의 사슬로 얽히고설켜 있게 마련이다. 보통의 역사가는 아무리 세계사라 하더라도 국경선에 가로막혀서 그 인과의 고리를 추적하는 시늉만 낸다. 그러나 래리 고닉은 끝까지 추적하여 기어이 역사의 실타래를 풀어내고 밝혀낸다.

스페인이 서쪽으로 항해하여 아메리카 대륙을 발견한 데 자극을 받은 포르투갈이 동쪽으로 뱃길을 몰아 인도에 먼저 닿고 거기서 향신료 무역을 어떻게 독점했는지, 그러자 육로 무역을 독점해온 이집트가 얼마나 큰 타격을 받았는지, 이집트 경제가 무너지면서 수백 년 동안 이집트와 교역을 해온 이탈리아 경제도 얼마나 흔들렸는지, 그리고 그런 타격을 만회하기 위해서 교황청이 유럽 전역에서 줄어든 수입을 늘이기 위해 면죄부 판매를 비롯하여 얼마나 무리수를 두었는지, 거기에 반발한 마르틴 루터 같은 사람들이 어떻게 종교개혁을 부르짖으면서 들고일어났는지를 일목요연하게 보여준다.

이 책은 흥미로운 일화가 듬뿍 담겨 있지만 결코 산만하지 않으며 논리정연하다. 전체를 꿰뚫는 통찰력이 없으면 이렇게 재미있으면서도 깊이 있는 역사 만화책은 쓰기 어렵다. 1400년대 후반에서 1700년대 후반까지 무려 300년 동안 동서양에서 일어난 중요한 사건들을 유익하면서도 흥미로운 줄거리로 한 권의 책에 담아낼 수 있는 사람이 역사가와 만화가를 통틀어 래리 고닉 말고 또 있을까?

그의 빛나는 통찰력은 어쩌면 만화를 그리면서 자연스럽게 터득한 능력인지도 모른다. 몇백 마디 말로도 미처 설명하지 못하는 복잡한 상황을 한눈에 보여주는 것이 그림의 힘이다. 간결한 선에 의존하는 만화는 일반 회화보다 더 강도 높은 압축력을 필요로 한다. 래리 고닉은 뛰어난 만화가답게 어떤 대상의 핵심만 포착하여 드러내는 힘이 남다르다. 거기다가 대학에서는 수학이라는 가장 엄밀하고 추상도가 높은 공부를 했으니 복잡한 상황을 명쾌하게 분석하고 간추리는 능력을 이중으로 터득한 셈이라고나 할까.

그러나 래리 고닉이 어떤 학자보다도 뛰어난 세계사 이야기를 그릴 수 있었던 것은 이런 분석력과 추상력에 앞서서 무엇보다도 다양한 자료를 섭렵하는 성실함과 부지런함이 뒷받침되었기 때문일 것이다. 그것은 참고문헌만 보아도 알 수 있다. 모두 그의 모국어인 영어로 쓰인 자료이긴 하지만 그중에는 포르투갈어, 스페인어, 프랑스어, 네덜란드어로 된 원전을 영어로 번역한 책이 적지 않다. 균형 잡힌 시각을 갖기 위해 작가가 얼마나 문헌 수집에 신경 썼는지를 엿볼 수 있는 대목이다.

1권부터 3권까지 읽은 독자들은 익히 알고 있겠지만 래리 고닉은 배꼽 잡는 익살을 능수능란하게 구사하는 유머의 대가다. 그의 탁월한 유머 감각은 4권에서도 유감없이 발휘된다. 내용은 진지한 역사 이야기인데 툭툭 튀어나오는 대사와 지문은 사람을 그야말로 포복절도하게 만든다. 나는 어떻게 하면 원문의 익살을 살려낼 수 있을까 나름대로 고민을 했지만 그 절묘한 한 단어, 한 문장을 만들어내기 위해서 들인 저자의 정성과 시간에 비하면 아무것도 아니다.

역사는 많이 알면 알수록 실생활에 도움이 된다. 역사를 많이 아는 사람은 이야기도 잘한다. 역사와 이야기는 따로 노는 것이 아니다. 독일어 Geschichte, 프랑스어 histoire는 모두 역사라는 뜻과 이야기라는 뜻이 있다. 영어 history와 story는 어원이 같다. 역사를 많이 아는 사람은 적어도 화젯거리가 없어서 고민하지는 않는다. 역사 감각이 있는 사람은 글도 잘 쓴다. 어떤 대상에 대해서 글을 쓸 때 단순히 지금의 상황만 쓰는 것이 아니라 지금의 상황을 낳은 역사적 배경까지도 짚고 넘어간다. 훨씬 깊이 있는 분석과 판단이 나올 수밖에 없다. 래리 고닉의 책은 이렇게 귀중한 가치를 지닌 역사의 세계로 부담 없이 발을 내딛고 싶어 하는 이들에게 소중한 길잡이 역할을 해줄 것이라고 자신 있게 밝힌다.

2007년 7월
이희재

세상에서 가장 재미있는 세계사 4

1판 1쇄 펴냄 2007년 7월 20일
2판 1쇄 찍음 2022년 11월 10일
2판 1쇄 펴냄 2022년 12월 1일

글·그림 래리 고닉
옮긴이 이희재

주간 김현숙 | **편집** 김주희, 이나연
디자인 이현정, 전미혜
영업·제작 백국현 | **관리** 오유나

펴낸곳 궁리출판 | **펴낸이** 이갑수

등록 1999년 3월 29일 제300-2004-162호
주소 10881 경기도 파주시 회동길 325-12
전화 031-955-9818 | **팩스** 031-955-9848
홈페이지 www.kungree.com
전자우편 kungree@kungree.com
페이스북 /kungreepress | **트위터** @kungreepress
인스타그램 /kungree_press

한국어판 ⓒ 궁리출판, 2007.

ISBN 978-89-5820-802-0 07900
ISBN 978-89-5820-804-4 (세트)

책값은 뒤표지에 있습니다.
파본은 구입하신 서점에서 바꾸어 드립니다.